Ces statues que l'on abat…

Révélations sur les plans secrets du wokisme

Dimitri Casali

Ces statues que l'on abat…

Révélations sur les plans secrets du wokisme

PLON
www.plon.fr

© Éditions Plon, un département de Place des Éditeurs, 2023
92, avenue de France
75013 Paris
www.plon.fr - www.lisez.com

Mise en pages : Graphic Hainaut
Dépôt légal : septembre 2023
ISBN : 978-2-259-31235-6

À mes parents, ma famille,
mon pays qui m'ont appris
que l'on ne construit rien de solide
si l'on ne reste pas unis...
Vive la France de l'avant-garde !

Table des matières

Non, l'histoire de l'Occident ne se résume pas à un crime contre l'humanité !

Dimanche 14 juin 2020, peu après 20 heures, le président Emmanuel Macron déclare à la télévision : « La République ne déboulonnera aucune de ses statues. » En revenant sur le débat polémique autour des figures de l'histoire de France, le chef de l'État espère faire preuve de fermeté. Il voudrait adresser une fin de non-recevoir aux revendications provenant d'associations du mouvement woke qualifiant de racistes nos grands personnages historiques, et réclamant que l'on déboulonne les statues de Colbert, Voltaire, Napoléon, Victor Schœlcher ou De Gaulle…

Or, en réalité, la prise de parole du président n'aura servi à rien. Pas un mois ne passe sans qu'un mouvement communautaire, un groupe associatif, une ligue des droits de l'homme attaquent notre histoire et l'accusent d'être à l'origine de tous les maux de notre société.

Cette mise en accusation systématique de l'histoire occidentale est l'œuvre de groupes de pression qui occupent une place grandissante dans l'espace public, mis en avant par un monde politico-médiatique qui leur donne régulièrement la parole. Ce phénomène, appelé *cancel culture*, «culture de l'effacement», nous vient des États-Unis et touche désormais tous les pays occidentaux (au sens large) : de l'Espagne au Canada, en passant par l'Allemagne, le Royaume-Uni, les Pays-Bas, jusqu'au Japon ou l'Australie, tous sont sommés de déboulonner les statues de leurs héros nationaux, de débaptiser leurs rues, d'effacer des noms du fronton de leurs écoles, de supprimer des pages des manuels scolaires, et même de brûler les livres des grands auteurs, d'Homère à Voltaire. En 2020, cinq mille livres jugés discriminatoires ont été détruits par des bibliothèques scolaires de l'Ontario, au Canada. Certains ont été brûlés et leurs cendres enterrées[1].

Le mouvement woke, dont le nom vient du mot anglais *awake*, signifiant «éveillé», se veut le dénonciateur de toutes les discriminations envers les minorités. Adossé au courant contre les inégalités raciales Black Lives Matter[2], il est soutenu par des associations antiracistes, des syndicats enseignants, des mouvements étudiants et des partis politiques (la Nupes, par exemple). Ceux-ci n'hésitent pas à instrumentaliser l'histoire à leur profit en réactivant l'idée de «race» au nom de la lutte pour l'émancipation. Ils proposent une vision du monde binaire : d'un côté, les oppresseurs, l'Occident et ses

1. Chloé Gurdjian, «Canada : des écoles brûlent 5 000 livres jugés stigmatisants envers les autochtones et créent la polémique», *GEO*, 9 septembre 2021.

2. «La vie des Noirs compte».

grands hommes, pilleurs des pays du tiers-monde ; de l'autre, les opprimés eux-mêmes, les victimes.

Le jugement *a posteriori* est une impasse intellectuelle ; c'est vouloir imposer une histoire en noir et blanc où l'anachronisme règne en maître. À ce rythme, la liste des statues à déboulonner sera sans fin, et concernera peut-être quatre-vingts pour cent des personnages historiques, de Jules César à Victor Hugo, qui dit qu'« au XVIIIe siècle, le Blanc a fait du Noir un homme », en passant par Colbert, Jean Jaurès ou même Léon Blum.

Attaquer nos pères fondateurs, c'est attaquer ce qui constitue le socle de notre collectivité, nos repères. C'est remettre en cause les valeurs des Lumières, la liberté d'expression, d'opinion, de tolérance et d'universalisme qui nous portent depuis des siècles. Dans un monde de plus en plus sécularisé, nos statues ont une dimension qui touche au sacré. Un pays se raconte par ses figures en pierre et ses monuments historiques. Les premières sont riches d'une double épaisseur temporelle : elles rappellent l'époque de la personne statufiée et elles sont les témoins d'un temps passé. Surtout, elles sont les marqueurs de la continuité historique de la nation.

Quand les statues de Colbert, Voltaire, Napoléon, De Gaulle sont régulièrement souillées, quand le leader de La France insoumise (LFI), Jean-Luc Mélenchon, réclame, le 21 septembre 2020[1], que celle de Saint Louis soit déboulonnée, nous sommes face à une volonté

1. Tweet de Jean-Luc Mélenchon (@JLMelenchon) du 21 septembre 2020 : « Comment se fait-il que dans l'hémicycle au Sénat on ait une statue du prétendu Saint Louis, que nous appelons Louis IX, lui qui a inventé le port d'un signe distinctif pour les juifs et brûlé des torahs (sic). Déboulonnons ! »

délibérée de déconstruire l'histoire d'un peuple et d'une civilisation.

Le 22 mai 2020, jour de commémoration de l'abolition de l'esclavage, trois statues représentant Victor Schœlcher, l'artisan de la fin de l'esclavage en France, sont détruites à Fort-de-France, en Martinique. Deux mois plus tard, le 26 juillet 2020, soit plus d'un mois après l'allocution présidentielle, la statue de l'impératrice Joséphine de Beauharnais est pulvérisée à coups de masse, puis recouverte de feuilles de palmier et brûlée. Quelques instants après, celle de Pierre Belain d'Esnambuc, un des fondateurs des Antilles françaises, est déboulonnée par la même poignée d'activistes du Mouvement international pour les réparations (MIR), qui lui coupe la tête et la jette ensuite dans la cour de la préfecture.

Cette politique de purification de la toponymie urbaine conduit à l'effacement de notre mémoire et nous mène droit à une société de haine, de violence et d'ignorance. Une totale méconnaissance des faits historiques se télescope avec une actualité en constante ébullition pour laquelle tout est relatif et se vaut. L'instant nous domine, dans une sorte de tyrannie de l'émotion qui dicte nos pensées et nos actes. On peut légitimement s'interroger sur le niveau de connaissances de gens qui se sentent offensés par une statue dont ils ignorent le plus souvent la véritable histoire. Le résultat ? Nos sociétés occidentales sont de plus en plus fragmentées et gangrenées par les revendications identitaires et communautaires. Sommes-nous condamnés à devenir un peuple amnésique incapable d'affronter l'avenir ?

Un phénomène mondialisé

Le 6 juin 2020, à Londres, les statues de Winston Churchill, qui, rappelons-le, a libéré l'Europe du nazisme, ont été vandalisées et cent soixante personnages historiques, parmi lesquels l'amiral Nelson, sont désormais accusés d'être des « suprémacistes blancs ». Si cette relecture particulière de l'histoire se répand aujourd'hui dans la plupart des pays occidentaux, elle prend sa source aux États-Unis. En effet, c'est dans les universités américaines qu'est né, dans les années 1980, ce nouveau révisionnisme que l'on nomme « cancel culture ». En clair, cette relecture de l'histoire se manifeste au sens propre par une dégradation physique des statues et des monuments, notamment ceux qui ont été érigés en l'honneur de personnages historiques célèbres, tels George Washington ou Thomas Jefferson.

Tout commence réellement le 12 août 2017, quand, à la suite d'une manifestation organisée contre le déboulonnage de la statue du général sudiste Robert Lee, la ville de Charlottesville, en Virginie, devient le théâtre d'affrontements opposant l'extrême droite américaine aux militants d'associations noires et progressistes. Le bilan de ces violences est d'un mort et une vingtaine de blessés. Le décès de George Floyd, tué lors de son interpellation par la police le 25 mai 2020, donne un nouvel élan au mouvement Black Lives Matter, proche du courant décolonial, qui considère comme inacceptable toute représentation de personnes ayant participé aux traites négrières ou les ayant défendues ou soutenues. Selon ces militants, l'enjeu est de faire cesser la souffrance provoquée par ces statues, considérées comme des hommages blessants, et de permettre l'appropriation par les descendants des victimes d'un récit historique partagé, acceptable par toutes les communautés.

Depuis ces événements, plus de cent statues ont été déboulonnées et des centaines d'autres sont régulièrement souillées, barbouillées, amputées ou détruites. La prochaine étape sera vraisemblablement de débaptiser la capitale des États-Unis, Washington, et les villes portant le nom des autres Pères fondateurs des États-Unis d'Amérique. George Washington et Thomas Jefferson étaient tous deux esclavagistes et propriétaires de centaines d'esclaves – six cents pour le second. Déjà, le 18 octobre 2021, la mairie de New York a fait retirer la statue du troisième président des États-Unis de sa salle du Conseil après le vote unanime de celui-ci. À Boston, en décembre 2020, une statue d'Abraham Lincoln, celui qui a aboli l'esclavage, a été déboulonnée sur décision du conseil municipal à la suite d'une pétition signée par douze mille personnes[1].

Nous nageons désormais en pleine hystérie collective, dans une sorte de délire de victimisation dont la presse américaine se fait volontiers l'écho. En juin 2020, un article du *New York Times* estimait même que la musique classique était raciste[2].

1. « Statue of Abraham Lincoln with kneeling slave removed in Boston », Fox News, 29 décembre 2020.

2. Paul May, « États-Unis : la musique classique est-elle un "privilège" des Blancs et des Asiatiques ? », *Le Figaro*, 20 juin 2020.

Des lobbies communautaires très bien organisés

On ne réécrit pas l'histoire ! Déboulonner les statues de nos grands personnages et débaptiser nos rues ou nos écoles au prétexte qu'elles portent le nom de personnalités qui auraient encouragé la pratique de l'esclavage, c'est ouvrir la boîte de Pandore du révisionnisme historique. L'histoire, une fois écrite, ne s'efface pas. L'histoire, c'est l'histoire, il faut l'assumer ! Elle est aussi glorieuse que honteuse et tragique. Effacer ce passé, comme l'exigent ces nouveaux épurateurs, ce serait renier ce qui fait l'essence même de l'âme française : une république mettant en avant l'égalité, l'universalité et la laïcité, sans distinction de race ou de religion.

Autrement dit, progressivement et inexorablement, tout est fait pour présenter l'histoire de France et de la civilisation européenne comme oppressive. Au bout de cette logique, de cette spirale négatrice de l'âme d'une nation, il y a la destruction de la communauté nationale et de ses symboles. Son remplacement par une histoire multiculturelle provoquera son fractionnement en communautés rivales. Or, une nation ne se reconnaît qu'en une seule histoire.

Au terme de trente ans d'endoctrinement, d'intoxication quotidienne, les Français imitant les Américains en tout, notre pays est plus que jamais fragilisé. C'est le résultat de l'action de militants extrêmement bien organisés, dont les arguments brillent par leur ignorance. Ils chantent les louanges des différences, donc de la division, au lieu de promouvoir le métissage réel, celui des mariages mixtes, par exemple. Ils attisent l'incendie de la maison commune au lieu d'en éteindre les flammes. Ces groupes communautaires, le Conseil représentatif des associations noires de France (Cran), le Parti des indigènes de la République (PIR), l'ex-Ligue de défense noire africaine (LDNA), l'ex-Collectif contre l'islamophobie en France (CCIF), soutenus par des associations (SOS Racisme), des syndicats enseignants (SUD éducation), étudiants (Unef), des syndicats de salariés (CGT) et des partis politiques (Nupes), proposent une vision du monde binaire : Blancs contre Noirs, hommes contre femmes. Ces organisations appellent de leurs vœux l'instauration d'une société bienveillante et inclusive, mais leur comportement m'apparaît comparable à celui des talibans ou des soldats de Daech qui détruisirent les statues des bouddhas de Bâmiyân ou celles des dieux gréco-romains de Palmyre, qui ont précédé l'islam, convaincus que rien de ce qui vient de la période préislamique ne mérite de survivre.

Structurées en meute sur les réseaux sociaux, leurs attaques révèlent leur intolérance et leur refus d'accepter la nuance. Ce principe de destruction est au cœur de la culture de l'effacement. C'est la politique de la « table rase », du grand remplacement historique, faire tomber les statues, tout « déconstruire » ; mais pour ériger quoi à la place ? Les wokes eux-mêmes sont incapables de répondre.

L'histoire ne se moralise pas

Cette entreprise de déconstruction semble donc s'inscrire dans une démarche d'autoflagellation, et relève, une fois encore, plus de l'expiation que de l'interrogation historique. On ne rédige pas des actes d'accusation pour des faits remontant parfois à plusieurs siècles, accomplis par des hommes dont les mentalités, et les lois qui les régissaient alors, étaient fort différentes des nôtres. Le faire aujourd'hui avec nos représentations mentales est un anachronisme. L'histoire ne se moralise pas.

Selon une tribune parue dans le quotidien *Le Monde* daté du 20 juin 2020, signée par soixante des plus grands historiens français, parmi lesquels Mona Ozouf, Michel Winock, Jean-Noël Jeanneney, Maurice Sartre, « [l'anachronisme], ce péché contre l'intelligence du passé, consiste à partir de nos certitudes du présent, à plaquer sur les personnages d'autrefois un jugement rétrospectif d'autant plus péremptoire qu'il est irresponsable ». Quotidiennement, tel analyste politique, tel journaliste, tel commentateur jugent l'histoire sans la remettre dans son contexte. Tous commettent la même erreur, qui consiste à ne pas replacer un événement dans les conditions précises de la période historique durant laquelle il a eu lieu. La confusion entre des époques différentes est devenue la règle, et va de pair avec une perte de la profondeur chronologique corrélative à la priorisation de l'histoire immédiate. Observez comment la place consacrée à l'Antiquité ou au Moyen Âge s'est réduite comme peau de chagrin dans les manuels scolaires en comparaison de celle accordée au XXe siècle. Nous sommes entrés dans le monde de l'immédiateté, qui entrave le développement de la réflexion philosophique et spirituelle.

Le mouvement woke et la *cancel culture* ne cherchent pas à comprendre le passé pour éclairer le présent, ils induisent une démarche exactement contraire. Nos hommes politiques, nos grands penseurs ou nos brillants professeurs d'université oublient leur premier devoir, la règle numéro un, en partant du présent pour juger le passé sans jamais le replacer dans son contexte historique. Dans cet état d'esprit, l'histoire n'est plus une science, elle est un combat, une sorte d'écran de télévision où sont projetées toutes nos passions contemporaines. Selon ces épurateurs du passé, Jules César, dont on estime qu'il a fait massacrer plus d'un million de Gaulois, et Charlemagne, l'auteur du fameux massacre de Verden (quatre mille cinq cents victimes), devraient être traduits devant la Cour pénale internationale de La Haye pour avoir violé la convention de Genève de 1929 et les conférences de La Haye de 1899 et 1907, ainsi que toutes les conventions sur les règles humanitaires. Si l'on écoutait certaines associations communautaires et certains groupes de pression, on condamnerait bientôt Périclès pour crime contre l'humanité pour avoir pratiqué, institutionnalisé et défendu l'esclavage dans sa cité d'Athènes. Une telle liste serait sans fin.

N'oublions jamais que l'histoire, faite par les hommes, est, à leur image, complexe, pétrie de contradictions, ambivalente, tragique et violente. Quel pays au monde fut fondé sans guerres, sans massacres, sans déplacements forcés de population, sans la disparition de cultures entières ? Une entreprise de sélection mémorielle s'est donné pour but d'exonérer les violences et les crimes des uns ou des autres, comme ceux des conquêtes musulmanes ou de Gengis Khan (trente-cinq millions de morts pour lui et ses descendants mongols), ou encore ceux des Aztèques et des Incas, pour s'acharner plutôt sur la France ou l'Espagne coloniales.

Encore une fois, on oublie de replacer l'histoire dans un contexte général et de rappeler, simplement, que depuis la plus haute Antiquité, l'esclavage avait cours dans toutes les sociétés et ne scandalisait pas à l'époque. Cela paraît fou, incroyable, mais telle était alors la loi du vainqueur. La guerre a toujours existé, et ces guerres entre peuples entraînaient, de fait, la mise en esclavage des vaincus. L'étymologie du mot « esclave » provient d'ailleurs de *slaves*, qui désignait les prisonniers de guerre des Romains. En bas latin, on employait le terme *sclavus* (de *slavus*, « slave ») pour désigner les prisonniers *slaves* réduits en esclavage. C'est difficile à comprendre aujourd'hui, mais il faut faire cet effort, car si l'on se borne à l'indignation et à la colère, nos pays vont droit dans le mur. Depuis soixante-dix-sept ans, nos sociétés occidentales épargnées par la guerre considéraient les conflits militaires comme des aberrations de l'histoire, et non comme des phénomènes « normaux ». Le 24 février 2022, l'invasion de l'Ukraine par la Russie nous a ramenés dans le monde réel.

Une repentance à sens unique

Il est singulier de constater que ce phénomène de rejet intervient au moment même où nous assistons au déclin de la puissance européenne, après cinq siècles de domination incontestée. De fait, c'est uniquement l'histoire européenne qui est visée. Nous assistons à une nouvelle transcription maladroite d'une histoire mondiale, thématique et transversale, instrumentalisée avant tout à des fins mémorielles. Les tourments du repentir nous hantent. Si le mouvement décolonial était juste et équilibré, il exigerait que les Arabes, les Ottomans, les royaumes africains d'Ashanti, d'Abomey et du Dahomey, les actuels Ghana et Bénin, reconnaissent avoir capturé, massacré, castré des millions d'Africains. Le Dahomey du roi Béhanzin, sans doute le pire d'entre eux, s'est trouvé sous les feux de l'actualité avec la restitution d'œuvres d'art au pays par le président Macron. Malheureusement, la repentance est toujours à sens unique. Les États négriers d'Afrique ont participé à ce commerce et se sont enrichis grâce à lui, il ne faut pas avoir peur de le leur rappeler. Enfin, les Occidentaux devraient exiger des excuses pour le million deux cent cinquante mille Européens réduits en esclavage dans les ports barbaresques du XVe au XIXe siècle, et dont on ne parle jamais...

Citons ici l'historien Pierre Nora, qui explique ce sentiment de culpabilité qui hante la France : « L'histoire n'est qu'une longue suite de crimes contre l'humanité. Deux mille ans de culpabilité chrétienne relayée par les droits de l'homme se sont réinvestis, au nom de la défense des individus, dans la mise en accusation et la disqualification radicale de la France. Et l'école publique s'est engouffrée dans la brèche avec d'autant plus d'ardeur qu'à la faveur du multiculturalisme, elle a trouvé dans cette repentance et ce masochisme national une nouvelle mission[1].» La repentance, ajoutait le philosophe Spinoza, est «n'est point une vertu[2]»...

Alors, certes, l'enseignement de l'histoire contemporaine a mis trop de temps à reconnaître les abus commis au cours de l'ère coloniale, et la condamnation des crimes passés est trop souvent le moyen d'éluder ceux du présent, comme actuellement en Afrique ou en Asie. Mais l'histoire, ce n'est pas ça! Elle n'est pas manichéenne. Elle n'est ni blanche ni noire, elle est grise... Il ne faut pas renoncer à enseigner la complexité de l'histoire en général, et celle de l'histoire de France en particulier. Faire disparaître les traces de toutes les colonisations est une chose impossible, on n'en aurait jamais fini de démolir bâtiments et monuments. On pourra, peut-être, travestir l'histoire, mais on ne pourra pas effacer ses empreintes partout visibles, comme la ville moderne d'Alger la blanche, par exemple, qui apparaît toujours aux visiteurs pour ce qu'elle est : une ville à la française...

«NUL NE PEUT SE PRÉVALOIR DES SOUFFRANCES QU'IL N'A PAS SUBIES»

L'instrumentalisation idéologique de la mémoire ne peut aucunement constituer le fondement de l'étude historique. Encore une fois, on ne juge pas l'histoire, on ne juge pas les vivants pour les crimes des morts d'il y a

---

1. Pierre Nora et Françoise Chandernagor, *Liberté pour l'histoire*, CNRS Éditions, 2008.
2. Spinoza, *Éthique IV*, proposition 54.

plusieurs siècles… Les groupes de pression décoloniaux et indigénistes ont réussi à ériger le statut victimaire comme unique grille de lecture de nos sociétés. Au nom de la nouvelle idéologie de repentance altermondialiste, on recommence à semer un sentiment de haine et de suspicion entre les hommes. Dès la conférence de Durban contre le racisme, en 2001, organisée par le Haut-Commissariat des Nations unies aux droits de l'homme, on a vu des organisations non gouvernementales exiger que les nations occidentales fassent pénitence en payant des réparations sonnantes et trébuchantes aux populations qui auraient été leurs victimes. Depuis cette date, je suspecte que l'appât du gain motive la démarche de certains militants décoloniaux et leurs demandes de réparation ; la volonté de tout judiciariser, qui vient elle aussi des États-Unis, les anime, et la condamnation de l'histoire peut apparaître comme potentiellement lucrative.

Ces demandes de réparation sont irrecevables, puisque rien ne justifie que les descendants de ceux qui commirent des abominations esclavagistes aient à endosser collectivement la marque des malheurs et sévices de l'histoire.

« Le mal n'est pas une maladie collectivement transmissible et le passé n'est pas une fatalité[1] », note justement l'historien Jean-Pierre Rioux. « Nul ne peut se prévaloir de souffrances qu'il n'a pas subies –, ni de crimes qu'il n'a pas commis[2]. »

1. Jean-Pierre Roux, *La France perd la mémoire*, Perrin, 2006.

2. Citation de Ruben Rabinovitch reprise le 21 septembre 2021 sur lepoint.fr.

Cette judiciarisation de l'histoire suscite actuellement de vifs débats. Jusqu'à présent, la France est le seul pays ayant voté une loi mémorielle condamnant la traite négrière « transatlantique ». Depuis la loi Taubira du 21 mai 2001, ces groupes communautaires se considèrent avant tout comme des descendants directs d'esclaves et, comme tels, se définissent en victimes d'un crime contre l'humanité. On note là l'usage anachronique et dangereux de notions récentes, qui ont permis de juger les chefs nazis devant le tribunal international de Nuremberg. La France est bel et bien la championne du monde de la repentance. En effet, la loi Taubira définit l'esclavage pratiqué du XVe au XIXe siècle, et seulement la traite atlantique, comme crime contre l'humanité, en oubliant consciencieusement la traite arabo-musulmane et la traite intra-africaine. Cette loi exige que non seulement la mémoire des esclaves, mais aussi « l'honneur de leurs descendants » soient défendus, ce qui légalise pour la première fois dans l'histoire le principe, étrange, du malheur héréditaire.

Bref, c'est ce qu'on appelle la « concurrence victimaire », comme si pour évoquer la souffrance des uns il fallait oublier celle des autres. Comme si nous étions entrés dans une époque où nous serions tous des victimes, ou des descendants de victimes, comme si le monde occidental dans son ensemble, et la France en particulier, devait faire chaque jour acte de contrition. Il faut le dire et le redire : non, la France n'a jamais commis de crime contre l'humanité... Le Royaume-Uni, le Danemark, les Pays-Bas et le Parlement européen ont présenté leurs excuses ou reconnu officiellement l'esclavage et la traite des esclaves comme des crimes contre l'humanité, mais ils n'ont pas voté de loi. Nous, Français, serions les seuls et uniques horribles esclavagistes du monde, alors même que l'esclavage ne se résume pas au commerce triangulaire, comme l'a maintes fois rappelé l'historien Olivier Pétré-Grenouilleau[1, 2].

Des statues pour ceux qui méritent de ne pas être oubliés

Depuis l'Antiquité gréco-romaine, le monde occidental pratiquait le culte du héros. Désormais, nos sociétés repentantes pratiquent le culte de la victime. Auparavant, à Athènes, Rome, Florence, Paris, on élevait une statue en pensant aux générations futures pour célébrer une personne dont on estimait que les actions héroïques devaient rester dans les mémoires. Faire connaître pour toujours le nom de ceux qui avaient « bien mérité de la patrie » pour les exploits qu'ils avaient accomplis semblait la chose la plus juste et sensée qui soit. Depuis la plus haute antiquité, les sociétés ont développé autour des statues une pédagogie et une morale fondées sur l'exemple que nous offrent les héros historiques. Le grand homme est un personnage à qui nous attribuons, par projection, la capacité de protéger notre intégrité territoriale ou nationale. Il n'est rien d'autre qu'une réminiscence de l'image protectrice du père.

1. Olivier Pétré-Grenouilleau, *Les Traites négrières. Essai d'histoire globale*, Gallimard, 2004.
2. Olivier Pétré-Grenouilleau, *Qu'est-ce que l'esclavage ? Une histoire globale*, Gallimard, 2014.

La figure héroïque exerce aussi une fonction d'image identificatoire. À travers son aura apparaissent les peurs, les défaillances, que nous aimerions compenser, dépasser, sublimer. Ainsi fit Antoine de Saint-Exupéry... et avec cette volonté de se surpasser sans cesse. Ce grand écrivain considérait que « ce que d'autres ont réussi, on peut toujours le réussir[1] » et que « l'homme se découvre quand il se mesure avec l'obstacle[2] ». La figure du grand personnage, même idéalisé, était constructive pour les jeunes générations, elle leur servait de guide et les aidait à structurer leurs engagements. Les statues installaient dans l'espace public des lieux de discussion où l'on débattait de faits positifs ou négatifs, des erreurs ou même des crimes commis par ces grands personnages. Leurs histoires, avec leurs satisfactions, leurs frustrations, leurs victoires ou leurs défaites, nous permettaient de nuancer nos jugements, d'apprendre le discernement et la relativité de toutes choses. Il y a une trentaine d'années encore, les erreurs ou les crimes commis par Napoléon donnaient lieu à des discussions vives et animées, mais toujours pertinentes. Aujourd'hui, cette volonté de célébrer et de débattre semble avoir disparu.

Jadis, le temps n'effaçait pas la trace des hommes hors du commun. Les peuples parvenaient à les entretenir ou même à les ressusciter, tel Jean-François Champollion redécouvrant l'Égypte pharaonique. Or, c'est bien l'inverse que nous constatons aujourd'hui : le

1. Antoine de Saint-Exupéry, *Vol de nuit*, Gallimard, 1931.
2. Antoine de Saint-Exupéry, *Terre des hommes*, Gallimard, 1939.

temps efface désormais irrémédiablement le souvenir de nos grands hommes. Au-delà du déboulonnage des statues, c'est le problème de l'oubli, de l'amnésie de notre société qui est posé. Autrefois, on célébrait des hommes qui, souvent, s'étaient combattus. Il en va ainsi des ennemis royalistes de Napoléon, tels le futur Charles X, Louis XVIII, le comte Pozzo di Borgo ou Benjamin Constant. En les associant, la mémoire proclamait qu'au regard de l'histoire, leurs luttes inexpiables devenaient de simples combats, et que seules importaient leurs œuvres durables, qui les transcendaient. L'argument imparable est qu'à Paris aujourd'hui, les statues d'Henri IV ou de Louis XIII, place des Vosges, ont retrouvé, même après la Révolution, leur place légitime pour le bien de l'histoire. Celle de Colbert devant l'Assemblée nationale est bien à sa juste place...

Plutôt que de déboulonner, éduquons et instruisons

Survivante de la Shoah, Simone Veil disait à propos du devoir de mémoire : « Je n'aime pas beaucoup cette expression. [...] Autre chose est le devoir d'enseigner, de transmettre. Là, oui, il y a un devoir[1] ». L'enseignement de l'histoire permet de comprendre le présent et donne des armes pour appréhender le futur. Aussi est-il plus intéressant d'assumer nos différends passés sans honte, d'instruire et d'éduquer, puisqu'un pays qui n'enseigne plus son histoire est un pays perdu, condamné à disparaître...

1. Interview de Simone Veil par Agathe Logeart, *Le Nouvel Observateur*, nº 2097, du 13 au 19 janvier 2005.

Les statues ont toujours été une excellente façon de raconter l'histoire. Depuis la Révolution, et jusqu'à nos jours encore, elles remplissent une fonction civique indéniable. S'attaquer aux statues a toujours été un geste hautement symbolique, comme pendant la Terreur, en 1793 et 1794. Un an auparavant, le 14 août 1792, un décret dispose que : « Toutes les statues, bas-reliefs, inscriptions et autres monuments en bronze, ou en toute autre matière seront enlevées à la diligence des représentants des communes, qui veilleront à leur conservation provisoire. » « C'est une volonté de ramener le peuple à l'ignorance en détruisant les monuments des arts », répliquait l'abbé Grégoire, lors d'un discours à la Convention le 31 août 1794. Député, Grégoire préconise de lutter contre cette ignorance destructrice grâce à l'instruction : « Inscrivons donc, s'il est possible, sur tous les monuments, et gravons dans tous les cœurs cette sentence : "Les barbares et les esclaves détestent les sciences, et détruisent les monuments des arts ; les hommes libres les aiment et les conservent." » Il dresse un constat catastrophé des destructions de la Révolution et de ceux qui s'attaquent aux objets nationaux, qu'il s'agisse des objets de la vie quotidienne ou des vestiges archéologiques. Il en appelle au respect public devant entourer ces objets nationaux qui, n'étant à personne, sont la propriété de tous.

Donc, au lieu de la déboulonner, comme le réclament certains pour celle de Colbert, il faudrait au contraire conduire les jeunes gens au pied de sa statue devant l'Assemblée nationale et prendre le temps de leur raconter tout ce qu'il a accompli de son vivant. Si on ne comprend pas l'histoire dans sa globalité et sa complexité, on ne comprend rien à rien. Il ne faut pas craindre d'enseigner calmement que Colbert fut un grand homme d'État, qui a considérablement modernisé la France à une époque où, malheureusement, existait une pratique immonde, l'esclavage. Il était esclavagiste à une époque où tout le monde l'était, où, en tout cas, l'esclavage était considéré comme la norme. Colbert était un créateur qui a changé et construit notre pays. Le renier, c'est nous renier, et renier une part immense de ce qui constitue la France à travers le monde, comme je l'expliquerai plus loin. Tous les personnages clés de la nation, tels ce grand ministre ou Napoléon, possèdent une indéniable portée éducative et pédagogique. Ils insufflent des valeurs, comme le respect des lois, de l'État, le civisme, le sens collectif ou le goût de l'effort. Ils démontrent que la promotion sociale et le mérite ne sont pas de vains mots, ils communiquent le sens de l'égalité. Enfin, et surtout, ils créent véritablement du lien et du liant national. « On ne construit du solide que sur le passé », écrivait le poète T. S. Eliot.

Qui mérite vraiment sa statue ?

Dans toute l'histoire des grands hommes ou des grandes femmes, empereurs, rois, reines, chefs d'État, savants, artistes, en est-il un seul ou une seule qui soit suffisamment pur(e) pour mériter sa statue en marbre ? Les exemples de Churchill, de De Gaulle ou encore de Roosevelt, indifférents au processus d'extermination des Juifs en Europe, sont significatifs en la matière. Si l'on abonde dans ce sens, aucun de ces grands hommes ne mériterait l'absolution pour ses fautes historiques ou ses péchés. Comme tous les hommes, ils ont leurs failles, leurs zones d'ombre difficiles à révéler. La nature humaine est loin de la perfection, c'est un fait établi. Même un saint homme comme Gandhi, apôtre de la non-violence, ne trouve plus grâce aux yeux de tout le monde aujourd'hui : son goût pour les très jeunes filles, ses écrits de jeunesse à connotation raciste (il résidait alors en Afrique du Sud) lui interdisent cette pureté quasi mystique recherchée par les nouveaux adeptes du mouvement woke. Un monde divisé entre le bien et le mal, les bons et les méchants. Gandhi écrivait en 1896 : « La seule ambition [des Noirs] est de rassembler du bétail pour acheter une femme et passer le reste de [leur] vie dans la paresse et dans la nudité[1] ». De nos jours, le Mahatma est accusé d'être un raciste et un prédateur sexuel. On a déboulonné sa statue le 11 décembre 2018 à l'université du Ghana, à Accra, le 18 octobre 2018 à Blantyre, capitale du Malawi, et les monuments à son effigie sont vandalisés, comme à Johannesburg, Afrique du Sud, depuis 2015.

Les militants de la *cancel culture* cherchent à remplacer les grands hommes occidentaux par des héros purement africains tels Toussaint Louverture, Patrice Lumumba, Nelson Mandela, mais ils ont eux aussi leur face sombre, leurs vices cachés. Par exemple, Toussaint Louverture, considéré comme un des héros du peuple noir, l'un de ses premiers libérateurs, est vénéré en France, comme en Afrique ou aux Antilles. Pourtant, le « premier des Noirs » comme il se nommait lui-même, non sans arrogance, a périodiquement retourné sa veste au

1. Olivier Tallès, « Pourquoi le Ghana déboulonne une statue de Gandhi ? », *La Croix*, 14 décembre 2018.

gré de ses envies. Il changea d'alliés militaires en permanence – Espagnols, Français, Britanniques –, et surtout, ce qui est plus grave, de convictions à propos de l'esclavage. Selon qu'il s'agissait de ses intérêts personnels ou de ceux de son peuple, il modifiait sa politique. Car Toussaint Louverture, surnommé «le Libérateur», possédait lui-même une plantation de treize hectares où travaillaient vingt esclaves[1]... Malgré un tel «crime», comme disent les activistes décoloniaux, un imposant buste de lui trône à Bordeaux-Bastide depuis 2005. Offert par la République de Haïti, il est visible au parc des Berges, sur la rive droite de la Garonne. Une statue de plein pied se trouve aussi depuis 2015 à La Rochelle, dans la cour du musée du Nouveau Monde, l'ancien hôtel Fleuriau.

Multiculturalisme anglo-saxon contre universalisme français

La connaissance historique, pensions-nous, allait permettre une approche tempérée, subtile; or, c'est tout le contraire qui se produit : réviser le passé, le purger de tout ce qui peut choquer au nom de la bien-pensance est devenu la porte d'entrée de l'ignorance et de l'obscurantisme. Dans les écoles, les cours d'histoire ont été débarrassés de tout ce qui pouvait fâcher ou vexer les élèves issus des communautés immigrées. C'est une grande tristesse de voir ces élèves condamnés à la

1. Jacques de Cauna, *Toussaint Louverture et l'indépendance d'Haïti. Témoignages pour un bicentenaire*, Karthala, 2004; Philippe Girard, *Ces esclaves qui ont vaincu Napoléon. Toussaint Louverture et la guerre d'indépendance haïtienne*, Les Perséides, 2021.

pauvreté culturelle par l'école de la République. Mais, en réalité, en rejetant tout ce qui faisait la quintessence de la culture française, en la condamnant, on ne complique pas seulement leur intégration, on met en péril la survie même de la nation. Quand on ne partage plus la même histoire, le même passé, on n'aime plus le même pays, on ne peut donc plus vivre ensemble. C'est l'entrée officielle du multiculturalisme dans l'histoire, qui respecte chaque ethnie, chaque communauté, au détriment du bien commun, de la *res publica*, la « chose publique »... Notre république est basée sur la doctrine de l'universalisme, dont les Français ont été les inventeurs en 1789 et qu'ils ont proposée au monde entier comme paradigme idéal. Tous les citoyens sont libres et égaux en droits quels que soient leur race, leur religion, leur sexe ou leur nationalité, et la souveraineté de la nation est une et indivisible. Le rejet du communautarisme est inscrit dans notre Constitution. Les citoyens français séduits par le multiculturalisme anglo-saxon ne sont plus capables de comprendre les représentations mentales de leurs ancêtres et ne peuvent pas appréhender les valeurs qui les animaient. Cela se traduit par une incapacité à accepter que certains personnages, quel que soit leur degré de perfection, ont davantage marqué l'histoire que la plupart des autres. À cela s'ajoute une sorte de prétention à nous penser meilleurs que tous ceux qui nous ont précédés, symptôme d'un individualisme devenu forcené et subjectif.

Non seulement la lâcheté ou la faiblesse morale sont inhérentes à la nature humaine, mais l'histoire n'offre aucune vérité, aucun apaisement, elle est inhumaine et tragique par définition. Selon Thomas Hobbes, « l'homme est un loup pour l'homme » ; la vie est une lutte constante, et l'histoire, qui reflète la réalité, est à cette image. Cela nous oblige en conséquence à congédier la vision manichéenne qu'en offre la *cancel culture* anglo-saxonne. Dans un entretien à l'AFP du 21 septembre 2011, quand on posa à l'immense acteur afro-américain Morgan Freeman la question « Comment faire cesser le racisme ? », sa réponse choqua beaucoup de monde dans son pays : « En arrêtant d'en parler. Ne vous adressez pas à moi en tant que Noir, je ne vous parlerai pas en tant que Blanc. Parlons-nous de personne à personne. » Freeman, le bien nommé.

Refusons ce chantage mémoriel, puisé dans les souffrances du passé pour instrumentaliser l'histoire par des approximations et des analogies douteuses et dangereuses. Avec cette haine de soi, nous nous mentons sur nous-mêmes, et nous nous fermons aux autres. Avec cette perte d'estime de soi, sans laquelle aucune grande nation ne peut exister, c'en est fini de la confiance en nous. Albert Camus écrivait en 1958 : « Il est bon qu'une nation soit assez forte de traditions et d'honneurs pour trouver le courage de dénoncer ses propres erreurs. Mais elle ne doit pas oublier les raisons qu'elle peut avoir encore s'estimer elle-même. Il est dangereux, en tout cas, de lui demander de s'avouer seule coupable et de la vouer à une pénitence perpétuelle[1]. » Pour assumer notre

1. Albert Camus, Actuelles III : *Chroniques 1939-1958 (Chroniques algériennes)*, Gallimard, 1958 ; *Chroniques algériennes 1939-1958*, Gallimard, Folio Essais, 2002.

passé sans honte, enseignons et éduquons. Là est la clé de notre volonté de vivre ensemble.

« Guerre aux démolisseurs ! »

Un aspect essentiel est constamment occulté dans cette guerre mémorielle : ces statues sont avant tout des œuvres d'art. Déjà, en 1832, quand Victor Hugo poussa son cri « Guerre aux démolisseurs ! » dans un pamphlet de la *Revue des Deux Mondes* contre ceux qui « jette[nt] bas » les monuments, il s'insurgeait contre les destructions effrénées du patrimoine national auxquelles se livraient ses contemporains : « Le vandalisme a ses journaux, ses coteries, ses écoles, ses chaires, son public, ses raisons. Le vandalisme a pour lui les bourgeois. » « Une église, c'est le fanatisme. On dénonce un monument, on massacre un tas de pierres, septembrise des ruines. À peine si nos pauvres églises parviennent à se sauver en prenant cocarde. » Grâce à son combat, et à son célèbre roman, la cathédrale Notre-Dame de Paris sera sauvée. La loi du 31 décembre 1913, qui a pour objectif de protéger les meubles et immeubles classés ou inscrits au titre des monuments historiques, fera suite à cette prise de conscience. Ce principe est consacré par la charte de Venise, ratifiée en 1964. Le Code pénal, modifié par la récente loi du 7 juillet 2016, stipule, en son article 332-3-1, que la destruction, la dégradation ou la détérioration notamment d'un immeuble ou d'un objet mobilier classé ou inscrit aux monuments historiques est punie de sept ans d'emprisonnement et d'une amende de cent mille euros.

Selon la législation en vigueur, toute modification, même mineure, apportée à une œuvre porte atteinte à son intégrité. Le droit du patrimoine culturel et artistique estime protéger statues et monuments. Les héritiers des sculpteurs pourraient légitimement s'opposer aux déboulonnages, il suffirait d'appliquer la loi. Tout déplacement ou modification doit obligatoirement faire l'objet d'une délibération en conseil municipal. Cependant, il est certain qu'un procès-verbal d'un conseil municipal ne peut effacer l'histoire d'une ville et la réécrire, au risque de l'instrumentaliser. « Car si l'histoire rassemble, la mémoire divise et sépare[1] », et commence là où finit l'ignorance…

La question principale aujourd'hui est celle de la réappropriation de ces statues. De quoi meurent-elles ? D'indifférence, plus que d'outrages.

ANGLETERRE ET FRANCE, PREMIERS PAYS À ABOLIR L'ESCLAVAGE

Avant de développer le débat autour des statues symboles de l'esclavage et de la colonisation, réaffirmons haut et fort combien l'esclavage et la traite négrière furent des pratiques commerciales inhumaines, abominables et injustifiables, et faisons en sorte que cette époque soit à jamais révolue. Il faut condamner sans hésiter, en n'oubliant pas de préciser que l'esclavage n'a pas été le fait des seules nations occidentales, mais bien

1. Entretien dans les *Échos* du 1er juillet 2007, de Pascale-Marie Deschamps avec Pierre Nora.

du monde entier. Il faut condamner encore, mais sans occulter un fait fondamental : les premières nations à avoir aboli et interdit l'esclavage sont le Royaume-Uni (1833), la Suède (1847) et la France (1848). Donc, au lieu de distiller des idées de haine, il vaudrait mieux célébrer le fait positif que les nations européennes ont été les premières du monde à mettre fin à ce commerce indigne. Que la terre entière communie autour de cet immense progrès, la sortie de la barbarie, et cette règle fondamentale figurant en ouverture de la Déclaration des droits de l'homme et du citoyen du 26 août 1789 qui veut que «les hommes naissent et demeurent libres et égaux en droits». Une déclaration française. Ou, alors, exigeons que le monde entier fasse son *mea culpa* – aussi bien les pays européens qu'arabes, africains et asiatiques. Jusqu'à présent, seul le président du Bénin, Matthieu Kérékou, s'est excusé publiquement, en 2019, «pour le rôle honteux que les Africains ont joué pendant la traite négrière», qui a causé la mise en esclavage de plus de quatorze millions d'hommes, de femmes et d'enfants.

Enfin, et surtout, l'esprit victimaire actuel empêche de se concentrer sur le vrai problème : le fait qu'en septembre 2022, l'ONU annonçait cinquante millions d'esclaves modernes en s'appuyant sur le rapport conjoint de l'Organisation internationale du travail (OIT), de l'Organisation internationale pour les migrations (OIM) et de la Walk Free Foundation.

Le trafic organisé d'esclaves persiste encore de nos jours, comme l'a prouvé la vidéo de CNN (décembre 2017), qui défraya la chronique, montrant un marché aux esclaves en Libye.

Rappelons-le, la Mauritanie n'a adopté une loi réprimant la détention d'esclaves qu'en 2007, le Mali et le Niger pratiquaient officiellement l'esclavage jusque dans les années 1980. En ce moment même, le combat contre l'esclavage perd du terrain au Soudan, au Congo, mais aussi au Yémen, à Oman et au Qatar... Le nombre de pays ne respectant pas les standards internationaux pour lutter contre ce fléau a doublé, atteignant un total de vingt-trois selon le rapport annuel du département d'État américain et de l'Organisation internationale du travail[1].

Faut-il donc détruire les statues à l'effigie de personnages controversés de l'histoire ? De Washington à Londres, en passant par Bruxelles et Paris, la question est posée dans toute son ampleur.

1. Organisation internationale du travail, Walk Free, UN Migration, « Estimations mondiales de l'esclavage moderne. Travail forcé et mariage forcé », résumé analytique, septembre 2022.

Première partie

Le plan d'attaque en France

Plan numéro 1 : détruire la statue de Colbert

Mais qu'a fait Colbert pour mériter un tel déshonneur ? Accusé de crime contre l'humanité, il a vu sa statue sise devant l'Assemblée nationale être souillée le 23 juin 2020, recouverte de peinture rouge et d'une inscription, « Négrophobie d'État », par le porte-parole de la Brigade anti-négrophobie, qui, sur la vidéo de son méfait, exprime sa haine envers « ce gros fils de p... ».

Chef-d'œuvre du sculpteur Jacques-Edme Dumont, cette statue trône devant le Parlement en compagnie de trois des plus grands ministres que la France ait connus : Sully, Michel de L'Hospital et Henri-François d'Aguesseau. Napoléon Ier les a choisis en 1808.

Sommes-nous en train de revivre une nouvelle Terreur, comme en 1793, dont le Conseil représentatif des associations noires de France (Cran) ou le Parti des indigènes de la République seraient les nouveaux Fouquier-Tinville, des accusateurs publics instrumentalisant l'histoire ? Collectifs, associations ou groupuscules, tous épaulés par des personnalités médiatisées, réclament à cris d'orfraie que l'on déboulonne les statues du ministre Jean-Baptiste Colbert et que l'on débaptise les collèges et lycées portant son nom. Déjà, à Thionville, en Moselle, feu le lycée Colbert se nomme désormais « Rosa-Parks », du nom d'une militante afro-américaine. Quel est donc le crime de Colbert ? Avoir rédigé en 1685 le fameux Code noir qui, selon la formule de ces groupuscules militants, aurait « légalisé l'esclavage ». Cette triste polémique est l'illustration de la vague d'ignorance qui submerge notre société au nom de la repentance et du politiquement correct.

Colbert a accompli le travail de six ministres

Jean-Baptiste Colbert est un rouage essentiel de la culture française et de son histoire. Il fut l'homme clé de Louis XIV, gérant à la fois les finances, l'agriculture, le commerce, la marine, cumulant ainsi les portefeuilles de six ministres. Son seul et unique crime est d'avoir réussi à faire de la France la première puissance européenne, point à la ligne. Colbert réforma les finances, développa le commerce et dota la France de la première marine de guerre du monde. Il lui permit de devenir le pays le plus puissant, le plus riche et le plus peuplé d'Europe en développant l'économie, le commerce, l'agriculture et les premières industries avec les manufactures royales des Gobelins, de Saint-Gobain ou de Beauvais. Colbert, c'est le bâtisseur des ports de Rochefort, de Dunkerque et de Lorient, le créateur de la

Compagnie des Indes occidentales, qui n'était pas « une compagnie négrière de sinistre mémoire », comme l'affirme le Cran, mais la tentative légitime d'égaler la puissance commerciale de ses homologues anglais et hollandais.

Il est aussi l'artisan d'une véritable politique culturelle qui permit de faire éclore les plus grands talents et d'encourager la fondation des académies de peinture, de sculpture et d'architecture, des sciences et de musique. Soucieux de poursuivre l'œuvre de contrôle du royaume par l'État, commencée sous Richelieu et Mazarin, Colbert met en chantier de nombreux codes et ordonnances. En 1669, qu'il s'agisse des lois, des finances ou de l'administration, des Eaux et Forêts ou des sciences et des arts, il n'est pas un domaine qui lui ait échappé. Il fait rédiger une série d'ordonnances pour réformer la législation : dès 1667, le Code Louis sur la justice et la procédure civile est achevé. Limpide et bien construit, il servira de modèle au Code civil de Napoléon, à l'exemple du Code des Eaux et Forêts de 1669, ou de celui de la marine de 1668, qui servira de modèle à l'Amirauté anglaise, mais aussi du Code Savary de 1673 qui régule les opérations commerciales. Et bien sûr du Code noir, commencé avant sa mort, en 1683, à l'âge de soixante-quatre ans.

Le Code noir : un progrès pour l'époque

Avec cette déplorable polémique, on assiste au bannissement de toute complexité historique. Or, l'histoire de Colbert et du Code noir doit être avant tout replacée dans le contexte de son époque, le XVIIe siècle. Colbert est certes l'initiateur du Code noir, qui, à partir de 1685, réglemente la traite des esclaves africains. Ce code s'inscrit dans cette nouvelle volonté de légiférer et de mettre fin à l'arbitraire qui régnait dans les plantations de canne à sucre. Nous sommes au moment crucial de la mise en place de l'État moderne, aux XVIe et XVIIe siècles, qui sera bientôt doté de tout l'arsenal juridique nécessaire à sa bonne gouvernance. Le Code noir est la matérialisation de la souveraineté de l'État : proclamer la loi, c'est dire que le roi s'interpose entre l'esclave et le maître, limitant le pouvoir arbitraire et cruel de ce dernier. Colbert veut notamment faire cesser les abus et les exactions, affirmer la souveraineté de l'État dans les colonies et y développer l'économie sucrière. Il considère, comme tous les hommes du XVIIe siècle, que l'esclavage est une nécessité dans les colonies tropicales, où seuls les hommes noirs sont à même de fournir un travail efficace dans des conditions climatiques auxquelles les Blancs sont, c'est la conviction de l'époque, incapables de résister.

C'est difficile à faire entendre aujourd'hui à certains de nos concitoyens, mais le Code noir constituait un progrès pour l'époque. Ce cadre légal permit, dans une certaine mesure, d'adoucir la vie des esclaves dans des situations où régnait auparavant l'arbitraire le plus total. La loi s'efforçait d'améliorer leurs conditions de vie avec la mise en place de la procédure d'affranchissement et le renforcement des obligations du maître, qui devait les soigner et s'occuper de ceux devenus trop vieux ou infirmes. Dans son livre *Le Code noir. Idées reçues sur un texte symbolique*[1], Jean-François Niort, spécialiste du droit colonial, expose que ce corpus législatif avait essentiellement pour but de réglementer les rapports entre les maîtres et leurs esclaves, en limitant le pouvoir arbitraire de répression que s'étaient alors attribué les premiers. En effet, Colbert et les rédacteurs du Code pensaient que les Noirs étaient des personnes, dotées d'une âme et susceptibles de salut, conformément à la doctrine de l'Église. À cet égard, le doyen Jean Carbonnier, grand professeur de droit, ajoutait que ce texte fait de l'esclave « un sujet de droit, doté d'une personnalité juridique de droit religieux, sinon canonique[2] ». Enfin, le Code noir encourage les maîtres à faire baptiser leurs esclaves, à les instruire, à leur permettre de se marier et d'avoir une sépulture catholique. L'ancien ministre de la Justice Robert Badinter ajoute « qu'il fut moins l'expression d'un racisme particulier à Colbert [...] que d'une volonté de tout réglementer[3] ». Le spécialiste de l'esclavage Lucien Peytraud, toujours sévère envers Colbert dans les autres domaines, estime que « la promulgation de ce code fut un bienfait pour les esclaves[4] ».

Rappelons que les peines corporelles du Code noir sont celles pratiquées en France à la même époque sur des sujets du roi, dès lors qu'un jugement était prononcé par un tribunal.

---

1. Jean-François Niort, *Le Code noir. Idées reçues sur un texte symbolique*, Le Cavalier bleu, 2015.
2. Jean Carbonnier, « L'esclavage sous le régime du Code civil », *Flexible droit*, 1957.
3. *La Croix*, 11 octobre 2020 propos recueillis par Marie Boëton.
4. Lucien Peytraud, *L'Esclavage aux Antilles françaises avant 1789. D'après des documents inédits des Archives coloniales*, Hachette et Cie, 1897.

L'HUMANITÉ N'A PAS ATTENDU COLBERT POUR PRATIQUER L'ESCLAVAGE

Il n'en reste pas moins que l'esclavage est une abomination, et ce code eut un rôle capital dans l'éclosion d'une nouvelle société esclavagiste dans les possessions françaises des Antilles, de La Réunion et de la Guyane. Mais si on replace le Code noir dans son contexte, l'analyse se révèle bien différente. Dans le monde entier et jusqu'à la fin du XVIIe siècle, l'esclavage ne scandalise personne, pas même les grands philosophes. Depuis la plus haute antiquité, les hommes ont recours à l'esclavage, et ce, dans toutes les sociétés. Tous les peuples, toutes les civilisations l'ont pratiqué. Comme nous le rappelle l'historienne Catherine Coquery-Vidrovitch, spécialiste de l'Afrique, «avant même que les Européens n'arrivent en Afrique, un Africain sur quatre est l'esclave d'un autre Africain[1]». L'écrivain Alain Mabanckou porte un regard objectif sur la condition de l'homme noir. Ce romancier et essayiste français d'origine congolaise explique le danger des postures victimaires : «Il serait inexact d'affirmer que le Blanc capturait tout seul le Noir pour le réduire en esclavage. La responsabilité des Noirs dans la traite négrière reste un tabou parmi les Africains, qui refusent d'ordinaire de se regarder dans le miroir. Toute personne qui rappelle cette vérité est aussitôt taxée de félonie, accusée de jouer le jeu de l'Occident en apportant une pierre à l'édifice de la négation[2].»

---

1. Catherine Coquery-Vidrovitch, «Le temps des colonies», *Les Collection de l'Histoire*, n° 11, avril-juin 2001.
2. Alain Mabanckou, *Le Sanglot de l'homme noir*, Fayard, 2012.

Le code voulu par Colbert s'inspire directement du droit romain : l'esclave est la chose du maître, qui a sur lui pouvoir de vie et de mort. Aristote soutenait la notion d'« outil animé » et le fait que les enfants des esclaves en captivité naissaient naturellement esclaves eux-mêmes. Le Code de Justinien (VIe siècle), tout en reprenant ces notions généralisées dans la société romaine, précise que l'esclave est un « bien meuble », d'où le droit des maîtres à en disposer, à en abuser et à le vendre. Le christianisme permit certains assouplissements, même si l'esclavage persiste toujours à l'ère chrétienne, et de manière résiduelle durant toute l'époque féodale. Les différents conciles de la papauté ne cesseront d'édicter des mesures pour humaniser le sort de l'esclave. Cela donnera l'apparition du servage, régime répandu à travers tout le continent européen : attaché à la glèbe (le sol qu'il doit cultiver), le serf a interdiction de quitter le domaine où il travaille et où il est asservi à des maîtres tout-puissants. Le servage, bien que son statut juridique soit différent de celui de l'esclave puisqu'il dote le serf d'une personnalité juridique, se maintiendra en France jusqu'en 1789. Il subsistera en Russie jusqu'en 1861, où il touchait quarante-cinq pour cent de la population (vingt-deux millions de serfs). Les propriétaires pouvaient leur infliger des sévices corporels, en particulier le supplice du knout, c'est-à-dire la flagellation avec un fouet dont l'extrémité des lanières était munie d'un crochet ou d'une bille en métal (maintenu en l'air par une autre personne, le serf recevait les coups sur le dos), et celui du grand knout (le condamné était suspendu à une potence par les bras pour être fouetté). Une condamnation à cent coups de knout équivalait à la peine de mort.

L'esclavage était pratiqué partout, notamment dans le monde arabo-musulman : ainsi, la traite orientale approvisionna les territoires dominés par l'islam dès le milieu du VIIe siècle et jusqu'au début du XXe. Les esclaves venaient d'Afrique subsaharienne, mais aussi d'Europe méditerranéenne, du Caucase et des pays slaves. L'historien Robert C. Davis estime[1] qu'entre le début du XVIe et le milieu du XVIIIe siècle, les seuls marchands d'esclaves d'Alger, de Tunis et de Tripoli réduisirent un million deux cent cinquante mille Européens en esclavage en Afrique du Nord, sans compter ceux qui furent asservis par le Maroc et autres esclavagistes de la côte méditerranéenne. Enfin, les traites négrières pratiquées par les Arabes et l'Empire ottoman auraient, selon le médiéviste Jacques Heers[2], concerné au minimum dix-sept millions d'Africains, chiffre qu'il juge sous-estimé en raison de l'effrayante mortalité provoquée par la castration des hommes destinés à devenir des eunuques

« NUL N'EST ESCLAVE EN TERRE DE FRANCE »

Rappelons enfin que le Code noir s'applique uniquement dans les colonies. Dès qu'un esclave touchait le sol de France, il était affranchi. Le parlement de Paris s'est

---

1. Robert C. Davis, *Esclaves chrétiens, maîtres musulmans. L'Esclavage blanc en Méditerranée (1500-1800),* Éditions Jacqueline Chambon, 2006.
2. Jacques Heers, *Les Négriers en terres d'islam. La Première Traite des Noirs, VIIe-XVIe siècle*, Perrin, 2003.

opposé au Code noir en disant qu'il était contraire au droit français, au droit naturel, au droit divin. Car depuis l'édit de Louis X le Hutin du 3 juillet 1315, « nul n'est esclave en France ». Cet édit affirme que « comme selon le droit de nature, chacun doit naître franc » et que « par tout notre royaume [...] telles servitudes soient ramenées à franchises [état de liberté] ». Cet édit abolit ainsi le servage dans tout le domaine royal (uniquement dans les provinces dépendant directement du roi). D'où la maxime : « Le sol de France affranchit l'esclave qui le touche ». En 1571, le tribunal de Bordeaux avait déjà affranchi un nombre considérable d'esclaves noirs appartenant à la cargaison d'un vaisseau ayant dû accoster dans son port, au motif que la France « mère des libertés » ne tolère pas la pratique esclavagiste sur son sol. À Toulouse, la même raison fut invoquée par le parlement pour libérer un jeune esclave noir de passage avec son maître qui se rendait en Espagne : « Toutes personnes sont franches en ce royaume ; sitôt qu'un esclave a atteint les marches de celui-ci, se faisait baptiser, il était affranchi[1]. »

Colbert, coupable idéal

À la suite des événements de Charlottesville, en Virginie, le 12 août 2017, le Cran comprend le bon usage de l'énorme écho médiatique venu d'outre-Atlantique. Son président, Louis-Georges Tin, se lance dans une vaste opération de manipulation de l'histoire. Il est

1. « Toutes personnes sont franches en ce Royaume ; & si tost qu'un esclave a attaint les marches d'iceluy, se faisant baptiser, il est affrachy » (Antoine Loysel, juriste, *Institutes coustumières*, 1607).

soutenu par de nombreuses personnalités, comme l'ancien footballeur Lilian Thuram, les journalistes Rokhaya Diallo et Harry Roselmack, l'ex-ministre socialiste des Outre-mer Victorin Lurel. Immédiatement, la plupart de nos médias nationaux reprennent en chœur cette triste polémique.

Réducteur, Louis-Georges Tin feint de s'interroger dans une pétition publiée par le quotidien *Le Monde* le 17 septembre 2017 : « Comment peut-on sur un même fronton inscrire le nom de "Colbert", et juste au-dessous, "Liberté, Égalité, Fraternité" ? Comment peut-on enseigner le vivre-ensemble et les valeurs républicaines à l'ombre de Colbert ? » Puis, il somme le peuple français de procéder à son examen de conscience. Enfin, pour encore souffler sur les braises, Louis-Georges Tin exige que l'on débaptise les collèges et les lycées Colbert « parce que le ministre de Louis XIV est celui qui jeta les fondements du Code noir, monstre juridique qui légalisa ce crime contre l'humanité ». Il est relayé sur les ondes de France Inter par Nicolas Demorand, le 29 août 2017, qui, dans son éditorial, approuve un « examen de conscience nécessaire de ce côté de l'Atlantique ». Dans une autre tribune parue dans le quotidien *Libération* le 28 août 2017, le président du Cran compare la France aux « suprémacistes blancs américains » de la tuerie de Charlottesville, aux États-Unis, et écrit : « Vos héros sont nos bourreaux. » Pour lui, louer la qualité du ministre de Louis XIV en oubliant que Colbert a aussi légiféré en posant les fondements du Code noir, c'est « un peu comme ces gens d'extrême droite qui affirment qu'ils célèbrent en Hitler non pas l'auteur de la Shoah, mais celui qui a redressé l'économie allemande». Sans commentaire!

Enfin, Jean-Marc Ayrault, ancien Premier ministre et président de la Fondation pour la mémoire de l'esclavage, a demandé sur France Info, le 25 juin 2020, qu'on débaptise la salle Colbert de l'Assemblée nationale. Et Louis-Georges Tin d'ajouter que «Colbert est aussi le fondateur de la Compagnie des Indes occidentales, [compagnie négrière] de sinistre mémoire», et de réclamer le remplacement de ce qu'il appelle les «statues de la honte», ou celui des noms de rues faisant référence à des armateurs – comme Balguerie et Gradis à Bordeaux, Grou et Leroy à Nantes, ou encore Masurier et Lecouvreur au Havre – par ceux de personnalités ayant lutté contre l'esclavage et le racisme.

Rappelons que les collèges et les lycées Colbert existent dans de nombreuses villes de France : à Paris, Lyon, Marseille, Reims, Thionville, Tourcoing, Lorient, Rouen, et tant d'autres encore. Son œuvre colossale s'inscrit à travers tout le territoire, comment s'en étonner? Ce grand serviteur de l'État concentre sur sa personne les tirs groupés de notre intelligentsia. On lui reproche d'être l'inventeur du «colbertisme», ce système économique honni, prétendument négatif, mais qui a tout de même permis à la France de devenir le pays le plus riche de son époque. Colbert a changé, construit la France. Le renier serait nous renier.

Plan numéro 2 : faire de Mahé de La Bourdonnais l'emblème du suprémacisme blanc

Le 11 juin 2022, Ericka Bareigts, actuelle maire socialiste de Saint-Denis de La Réunion et ancienne ministre des Outre-mer, a lancé une procédure pour que soit déboulonnée la monumentale statue de Mahé de La Bourdonnais le 20 décembre 2023, à l'occasion des cérémonies du cent soixante-quinzième anniversaire de l'abolition de l'esclavage sur l'île. Installée dans le quartier touristique du Barachois depuis 1856, la statue, haute de trois mètres, est pourtant inscrite aux monuments historiques depuis le 14 août 2000. L'œuvre du talentueux sculpteur Louis Rochet, élève de David d'Angers, participe au rayonnement culturel de La Réunion. Le monument en bronze fut présenté et médaillé à l'Exposition universelle de Paris en 1855. Comment expliquer son inscription à l'inventaire des monuments historiques et son déboulonnage programmé vingt-trois ans plus tard ?

Depuis les manifestations de Black Lives Matter de juin 2020, la statue du gouverneur des Mascareignes a fait plusieurs fois l'objet de dégradations : elle a été badigeonnée de peinture rose et affublée d'écriteaux proclamant « Je suis raciste » ou « Je suis esclavagiste »[1] par les collectifs wokes qui agissent sur l'île. On peut noter qu'il ne s'est rien passé de tel sur l'île voisine, Maurice, qui possède deux statues de La Bourdonnais. Pour l'ancienne ministre socialiste, ce personnage de l'histoire réunionnaise serait le symbole de l'esclavage « et n'a simplement plus sa place sur l'île multiculturelle de La Réunion ». Il est donc question de déplacer une statue publiquement implantée dans son square depuis 1856 au musée historique de l'Habitation et de l'Esclavage, dans le quartier Villèle de Saint-Paul. La maire de Saint-Denis soutient par ailleurs le collectif décolonial qui intente un procès à titre posthume contre le gouverneur au nom de la loi Taubira du 21 mai 2001, reconnaissant l'esclavage comme crime contre l'humanité. Bien entendu, Mahé de La Bourdonnais n'est plus là pour se défendre

Sans lui, La Réunion ne serait pas ce qu'elle est aujourd'hui

Breton né en 1699 au sein d'une famille d'armateurs, La Bourdonnais s'illustre à vingt-cinq ans lors de la prise

1. Adjaya Hoarau, « Le déboulonnage des statues divise aussi à La Réunion », Réunion la 1re, juin 2020.

de Mahé, sur la côte de Malabar, en Inde. Un fait de gloire qui lui permet d'adjoindre le nom de cette ville indienne à son patronyme afin de rappeler à tous son exploit. Auteur d'un brillant mémoire sur le développement des Mascareignes, il démontre que l'archipel peut devenir une escale stratégique entre la France et l'Inde pour les vaisseaux de la Compagnie des Indes. Nommé gouverneur général des îles Mascareignes en 1733, il se révèle un administrateur de génie. En structurant et modernisant les territoires inhabités qu'étaient La Réunion et Maurice, Mahé de La Bourdonnais en fait des comptoirs commerciaux prospères.

À La Réunion, il crée une première sucrerie et donne ainsi naissance à l'un des deux piliers fondamentaux de l'économie de l'île avec le tourisme : soixante pour cent des surfaces cultivées font vivre plus de trois mille exploitations. Il encourage la culture du manioc, car celui-ci résiste aux rats et aux sauterelles. Il fait réaliser un aqueduc qui mène, par gravité, de l'eau potable en grande quantité. Il aménage le port, installe un hôpital, des ateliers de réparation, des magasins pour la marine et pour les vivres, des bureaux et logements pour le personnel de la Compagnie.

À Maurice, il aménage Port-Louis, qui dispose d'une rade bien protégée, trace des routes, entreprend de développer la culture de la canne à sucre, de l'indigo, du mûrier, fait venir des travailleurs des Indes. L'île Maurice peut s'enorgueillir d'être aujourd'hui le petit dragon économique de l'océan Indien, envié de tous ses voisins, y compris La Réunion.

Un chef de guerre victorieux

Par ailleurs, La Bourdonnais, par son génie audacieux, son sens du commandement et sa ténacité face aux pires épreuves, a permis à la marine française de remporter une très belle victoire à Madras et d'être respectée et crainte dans l'océan Indien.

Lorsqu'en 1740 éclate la guerre de Succession d'Autriche, qui voit s'opposer notamment la France et la Grande-Bretagne, Mahé de La Bourdonnais organise une petite escadre avec les moyens du bord, et lève un corps de volontaires créoles. À la tête de cette modeste force – un vaisseau de ligne, cinq navires marchands armés en bâtiments de guerre –, il donne la chasse aux navires de commerce anglais, repousse une escadre britannique à Négapatam, dans le golfe du Bengale (6 juillet 1746), dégage Pondichéry assiégé par les Anglais et aide Dupleix à s'emparer de Madras. Hélas, ces deux fortes personnalités entrent en conflit, et Dupleix intrigue pour obtenir la disgrâce de son rival. Rappelé en France, jeté en prison, Mahé de La Bourdonnais est finalement lavé de tout soupçon, mais il meurt en 1753 avant d'avoir pu regagner l'île de France (Maurice), la privant de sa présence énergique. Notre Marine nationale a honoré la mémoire de ce grand marin en baptisant un aviso à hélice au siècle dernier et, plus récemment, un escorteur d'escadre du nom de La Bourdonnais.

Pourfendeur d'esclaves marrons

L'île volcanique de La Réunion nécessitait la création de chemins carrossables pour développer les échanges commerciaux. La Bourdonnais augmente les corvées d'esclaves réquisitionnés auprès des planteurs, mécontentant à la fois les colons et les esclaves : deux cents d'entre eux s'évadent et se réfugient dans la montagne. Organisés en bande, ces « marrons », des esclaves en fuite, violent et assassinent. La Bourdonnais les traque sans relâche, organise leur capture et ramène la sécurité sur l'île Bourbon (La Réunion).

Ce qui est choquant, c'est de réduire l'œuvre incontestable d'un tel homme à sa participation à l'esclavagisme, auquel tout le monde s'adonnait, et en premier lieu les chefs des tribus africaines. Selon le racialiste décolonialiste Kémi Séba, membre de Nation of Islam, Mahé de La Bourdonnais est l'un des symboles à abattre du suprémacisme blanc. Toutefois, nombreux sont ses opposants à déclarer qu'il n'est pas nécessaire d'importer le wokisme à La Réunion, ni de devenir un de ces Américains qui ne voient la vie qu'en noir et blanc. Parmi eux, Céline Ramsamy-Giancone, docteure en histoire, affirme : « Il faut faire l'effort pédagogique montrant la complexité des personnages, leur part d'ombre autant que leurs actions d'envergure. Les repères permettent aux jeunes générations d'appréhender leur histoire dans la globalité et non sous le prisme unique du militantisme mémoriel. » Enfin, elle rappelle tout ce que Mahé de La Bourdonnais a fait de bien. Quant à l'historien réunionnais Prosper Ève, il estime que « cette statue est un lien mémoriel et patrimonial. En l'éliminant, on veut effacer les traces et lorsqu'on démolit on ne rend pas service à l'histoire[1] ». La municipalité installera à la place de la statue de Mahé celle de quelqu'un d'autre, une figure d'esclave inconnue assez édifiante pour influencer les jeunes générations. La disparition programmée de la statue de La Bourdonnais effacera l'histoire de son passage sur l'île, mais profitera-t-elle vraiment à La Réunion et aux jeunes générations ?

Il ne faut surtout pas gommer un tel nom ni occulter l'existence de cette forte personnalité et son œuvre immense, mais, au contraire, les faire connaître. Et ce n'est pas en enfermant sa statue dans un petit musée (très peu visité) que ce sera possible. À l'origine érigée pour la gloire de La Bourdonnais, la statue témoigne donc d'un passé qui ne doit et ne peut être effacé. Seule sa symbolique peut être revue.

Expliquer, éduquer, plutôt qu'effacer. Heureusement, en Bretagne, on peut compter sur les Malouins pour entretenir la statue de Mahé de La Bourdonnais qui trône au pied des remparts de Saint-Malo depuis 1859, même s'il s'agit d'une copie du monument original de Port-Louis…

La loi Taubira, unique au monde…

Pour comprendre comment une commune peut intenter un procès à titre posthume à Mahé de La Bourdonnais, ou comment le Mouvement international pour les réparations (MIR) attaque l'État français afin d'obtenir des dédommagements, il nous faut revenir à la loi Taubira du 21 mai 2001. Votée par le Parlement, elle dit que la

1. Adjaya Hoarau, *op. cit.*

« République française reconnaît que la traite négrière transatlantique ainsi que la traite dans l'océan Indien d'une part, et l'esclavage d'autre part, perpétrés à partir du XVe siècle, aux Amériques et aux Caraïbes, dans l'océan Indien et en Europe contre les populations africaines, amérindiennes, malgaches et indiennes constituent un crime contre l'humanité ». C'est, à ce jour, la seule au monde à reconnaître la traite et l'esclavage comme crimes contre l'humanité. Or, Robert Badinter, ancien garde des Sceaux, rappelait à juste titre en 2010 : « Il n'appartient pas au législateur de faire l'histoire » et « Les lois mémorielles, que j'appelle des lois compassionnelles, n'ont pas leur place dans l'arsenal législatif[1] ». L'ancien avocat met la société en garde : « Une vérité historique n'a pas besoin d'être protégée, puisqu'il existe les décisions de justice. Le Parlement a ainsi prononcé en 2001 l'équivalent d'une condamnation, alors même que l'article 34 de la Constitution limite son rôle en matière pénale à la fixation des règles concernant la détermination des crimes et délits, ainsi que les peines qui leur sont applicables[2]. »

L'historien Olivier Pétré-Grenouilleau, attaqué devant les tribunaux par Collectifdom en 2005, rappelle des vérités très dérangeantes : « Le problème de la loi Taubira, c'est qu'elle considère la traite des Noirs par les Européens comme un "crime contre l'humanité", incluant de

1. « Proposition de loi tendant à réprimer la contestation de l'existence du génocide arménien », Rapport n° 429 (2010-2011), déposé le 13 avril 2011.

2. Rapport législatif d'information sur les questions mémorielles. Enregistré à la Présidence de l'Assemblée nationale le 18 novembre 2008, n° 429 (2010-2011), déposé le 13 avril 2011.

ce fait une comparaison avec la Shoah. L'esclave était un bien qui avait une valeur marchande, qu'on voulait faire travailler le plus possible. Le génocide juif et la traite négrière sont des processus différents. Il n'y a pas d'échelle de Richter des souffrances[1]... » Et de poursuivre : « La qualification de "génocide" ne peut s'appliquer à la traite négrière puisqu'elle n'a pas pour but d'exterminer tout un peuple. » Pour lui, la loi Taubira est aussi une relecture partielle de l'histoire, parce qu'elle omet de citer la traite arabe et la traite intra-africaine, plus importantes que la traite atlantique. « L'Afrique noire n'a pas été seulement une victime de la traite, elle en a été l'un des principaux acteurs[2] », écrit-il. La loi Taubira, en qualifiant de « génocide » un épisode historique survenu il y a plus de deux siècles, sans que l'on sache avec précision qui étaient les victimes et les auteurs de cet odieux commerce, sème la haine et la division dans le cœur des Français. Enfin, sommet de l'approximation et du travail bâclé, elle prend pour point de départ le XVe siècle alors que le premier voyage négrier français s'effectue en 1672 : le *Saint-Étienne* appareille pour Saint-Domingue, *via* la « Guinée ». Il n'y avait pas de traite négrière pratiquée par les armateurs français ni au XVe ni au XVIe siècle. Donc, ce génocide commis par la France et dénoncé par Christiane Taubira commence avant même d'avoir eu lieu... Encore une fois, rappelons qu'en histoire l'anachronisme est la faute suprême !

1. Olivier Pétré-Grenouilleau, *Les Traites négrières. Essai d'histoire globale*, Gallimard, 2004 ; *Le Point*, 10 mai 2011.
2. Olivier Pétré-Grenouilleau, *op. cit.*

Plan numéro 3 : toujours la faute à Voltaire ?

Que reproche-t-on donc à Voltaire ? D'être esclavagiste tout en dénonçant l'esclavage, islamophobe tout en prônant la liberté de culte et antisémite tout en défendant la tolérance : rien que ça… Ses détracteurs s'appuient pour cela sur plusieurs articles, sortis de leur contexte, de son *Dictionnaire philosophique* pour lui mener une guerre acharnée et bien souvent hypocrite. Avec notamment le retrait de sa statue du square Honoré-Champion, dans le 6e arrondissement de Paris, par la mairie, dirigée par une alliance socialiste-écologiste. Sous le prétexte de sa restauration, la statue de François-Marie Arouet a été déboulonnée en pleine folie woke d'août 2020. Œuvre de Léon-Ernest Drivier, celle-ci trônait depuis 1878 sur le quai Malaquais, non loin du numéro 27, où Voltaire habita et mourut, en 1778. Elle fut détruite par les occupants nazis en 1941. Vingt ans plus tard, une copie fut réalisée et installée finalement dans le square Honoré-Champion, jouxtant le quai Malaquais.

Sous le feu roulant des critiques des Parisiens, à commencer par le secrétaire perpétuel de l'Académie française, Hélène Carrère d'Encausse, la Ville de Paris a rapidement démenti les rumeurs, assurant que la statue devait être restaurée après avoir été dégradée en juin 2020. La mairie déclara également qu'elle serait de nouveau visible dans le courant de l'année 2022. Invoquant les intempéries, on la déplaça sous les arcades de la faculté de médecine, 12, rue des Écoles, insérée dans l'enceinte du bâtiment, fermé, pour la protéger d'éventuels actes de vandalisme… Allons donc, qu'est-ce que le grand philosophe des Lumières va faire dans cette galère, cloîtré dans l'obscurité, dissimulé à la vue de tous ? Voltaire aurait été furieux ! Quelle tristesse pour celui que l'on surnomma en son temps « le roi de l'Europe »…

Candide, une dénonciation de l'esclavage

Toute l'œuvre de Voltaire montre qu'il est bien le chantre des contradictions humaines, de ceux qui considèrent la folie des hommes avec la plus grande indulgence. Une seule chose lui faisait horreur : les fanatiques, les censeurs en tout genre et autres dogmatiques. On lui doit ainsi cette phrase : « [Il] conçut le projet insensé d'être parfaitement sage. Il n'y a guère d'hommes à qui cette folie n'ait quelquefois passé par la tête[1] ».

1. Voltaire, *Memnon ou la sagesse humaine*, 1749.

L'illustre homme des Lumières dénonçait l'esclavage dans ses écrits, tout en bénéficiant à titre personnel des fruits du commerce de l'époque coloniale. Sujet mille fois ressassé, mais révélé comme un scoop par la presse : Voltaire, dont on connaissait le sens aigu des affaires, possédait une part de cinq mille livres dans un négrier nantais. En effet, Voltaire a été accusé dès son époque de participer financièrement à la traite négrière. Puis, ces accusations ont flambé au milieu du XIXe siècle, dans le contexte de la seconde abolition de l'esclavage. Voltaire est donc devenu une figure de proue de la traite négrière et un exemple de l'hypocrisie des théoriciens de l'abolitionnisme qui, officiellement, défendaient les libertés, mais n'hésitaient pas à s'enrichir par derrière en profitant de ce commerce abject. Certes, il a été prouvé que Voltaire possédait des actions et des rentes de la Compagnie des Indes, à l'époque où le commerce avec l'océan Indien constituait un maillon essentiel de la traite négrière. Sans doute peut-on lui reprocher un manque de cohérence entre ses écrits et ses actes, mais cela reviendrait à minimiser l'importance de ses écrits qui, par leur large diffusion, eurent une influence bien plus grande en réalité que les comptes privés de l'homme Voltaire, exhumés au XIXe siècle.

Mais notre époque traque la faute et recherche en tout une pureté illusoire. Comment oublier en effet que Voltaire fut un des premiers à dénoncer dans *Candide*[1] la cruauté de l'esclavage dans les colonies ? Et que le chapitre « Le nègre de Surinam » est aujourd'hui étudié

1. Voltaire, *Candide ou l'Optimisme*, Genève, 1759.

dans tous les collèges comme modèle de la littérature abolitionniste ? Faut-il, au nom d'un sentiment de culpabilité postcolonial, une sorte de « sanglot de l'homme blanc », faire preuve d'un anachronisme perpétuel en plaquant sur une époque passée le mode de pensée et de représentation qui est le nôtre ? À vouloir se livrer à un procès permanent, on oublie le courage de Voltaire qui fut un ardent défenseur des libertés, un immense écrivain ainsi qu'un ennemi résolu du fanatisme religieux.

Le 25 octobre 2018, la Cour européenne des droits de l'homme (CEDH) a adopté le délit de blasphème anti-islam au nom du « dénigrement de doctrines religieuses[1] ». Rappelons qu'un des principaux combats que mena le grand philosophe fut en faveur du droit de blasphémer toute religion. Rappelons enfin que la CEDH est compétente dans quarante-six pays européens et que ses décisions sont juridiquement contraignantes pour les vingt-sept États membres de l'Union européenne (UE). Cet arrêt crée un précédent juridique fâcheux. Voltaire, réveille-toi, ils sont devenus fous !

1. Le 25 octobre 2018, la Cour européenne des droits de l'homme (CEDH) a validé la condamnation pour blasphème d'Elisabeth Sabaditsch-Wolff, personnalité autrichienne qui avait rappelé au sujet du mariage du prophète Mahomet et de la jeune Aïcha : « Un homme de cinquante-six ans avec une fille de six ans [...], de quoi s'agit-il si ce n'est de pédophilie ? » lors d'une conférence du parti d'extrême droite FPO en 2009.

Plan numéro 4 : déboulonner la statue de Napoléon l'esclavagiste

« Nul n'est prophète en son pays » : Napoléon aurait pu faire de ce proverbe sa devise tant il est maltraité par les médias, les manuels d'histoire, et les Français eux-mêmes. Ses statues sont régulièrement vandalisées, comme à La Roche-sur-Yon, dans la nuit du 25 au 26 juin 2020, ou bien à Rouen, où elle fut taguée, la nuit du 3 au 4 août août 2022, d'un « Napoléhonte », après avoir été réinstallée le 28 juillet, à la suite d'une longue polémique. Quant à celle de son épouse, Joséphine de Beauharnais, elle a été réduite en miettes à coups de masse à Fort-de-France, en Martinique, le 26 juillet 2020, aux yeux de tous et malgré le discours présidentiel, cité plus haut, un mois auparavant… Rappelons que depuis 1991 sa statue avait déjà été décapitée et était souillée de peinture rouge…

Napoléon, incarnation de la repentance

L'Empereur est aujourd'hui celui qui a rétabli l'esclavage, et tombant moralement sous le coup de la loi Taubira, il serait même coupable de crime contre l'humanité. « Allez dire aux Antillais que Napoléon est un grand héros national ! » persifle François Durpaire dans *Libération*[1]. Pour l'historien Pierre Nora, cette perception du vainqueur d'Austerlitz est révélatrice « d'une mémoire devenue accusatrice et destructrice d'histoire. Imposant une vision partielle et tordue. Et prête, au nom de la souffrance et de la vérité confondues, à imposer ses revendications par des moyens peu regardants : noyautage politique, chantage électoral et, s'il le faut, menace physique et personnelle. Les pouvoirs publics ont renoncé à célébrer la bataille d'Austerlitz, que commémorait l'Europe entière, parce qu'était brandie tout à coup la politique coloniale de Napoléon[2]. »

Dans notre pays, il est devenu impossible de saisir la complexité de ce personnage tant l'histoire pèse lourd. Les idéologies, la pensée unique et le péché d'anachronisme conduisent certaines élites intellectuelles, journalistiques, universitaires et politiques à ne considérer son œuvre que sous ses aspects les plus sombres. Il est aujourd'hui accusé d'être le bourreau des Noirs. Dès que l'on évoque Napoléon, les qualificatifs négatifs ne tardent pas à surgir : « esclavagiste », pour reprendre un grand titre du journal *Le Monde* daté du 15 juin 2006, « dictateur précurseur et modèle d'Hitler », « il avait une

1. Interview de Marc Semba, *Libération*, 10 mai 2020.
2. Pierre Nora, *Liberté pour l'histoire*, *op. cit.*

vision raciste du monde[1] », « aventurier négrophobe ». Il est devenu habituel de juger le règne de Napoléon hors de tout contexte historique, à la lueur de notre bien-pensance actuelle. Sa personne est l'incarnation même de ce mal typiquement hexagonal : la repentance et l'auto-flagellation. Tout grand personnage historique a une face sombre. Napoléon était certainement un homme profondément cynique, un opportuniste qui manipulait les gens sans une once de mauvaise conscience. Il acceptait mal la critique, voire ne l'acceptait pas du tout, et finit par n'écouter que lui. Toutefois, il ne mérite certainement pas une telle infamie.

« J'assume tout, de Clovis à Robespierre »

À son arrivée en France, Napoleone di Buonaparte ne parlait pas un mot de français. Le jeune « immigré » va se hisser jusqu'au plus haut niveau de l'État et devenir le maître de l'Europe. La geste napoléonienne entraîne le pays dans une épopée encore inégalée à ce jour. Du Portugal à Moscou, de l'embouchure de l'Elbe jusqu'à la Sicile, la France domine l'Europe et exporte les idéaux de la Révolution sur tout le continent. Cette période de conquêtes et de batailles, qui porte la nation au zénith de sa puissance, marque à jamais l'histoire du monde et provoque des bouleversements considérables dans la conscience des peuples. Devenu une part incontournable et fondamentale de nos valeurs d'accomplissement collectives, Napoléon nous éclaire à jamais sur ce

1. Véronique Radier, « Le procès de Napoléon : est-il un criminel contre l'humanité ? », *L'Obs*, 23 novembre 2017.

qui constitue l'identité française. Les anciennes nations se revitalisent à l'ombre de leur histoire. « De Clovis au Comité de salut public, j'assume tout », avait-il coutume de dire…

Enfin, on l'oublie toujours, ou on feint de l'oublier, que Napoléon a aboli la « traite des Noirs » par décret du 29 mars 1815, et interdit d'introduire, pour être vendu dans les colonies françaises, « aucun Noir provenant de la traite soit française, soit étrangère ».

Des statues prétendument encombrantes

Dernièrement, à Rouen, le maire socialiste, Nicolas Mayer-Rossignol, a tenté d'escamoter la magnifique statue de Napoléon du parvis de l'hôtel de ville où elle trônait depuis 1865 ! Le chef-d'œuvre du sculpteur Vital Gabriel Dubray devait être remisé à l'extrême pointe de l'île Lacroix, un endroit perdu, où personne ne va, pour faire place à la statue d'une femme célèbre. Agir ainsi trahit une méconnaissance de tout ce qu'a réalisé l'Empereur pour Rouen, son essor, sa prospérité, une ignorance de ses propres racines. Près de soixante-dix pour cent des Rouennais ont voté contre cette initiative – bel avertissement aux wokes de tout poil…

Quant à l'emblématique statue équestre de Napoléon exposée à La Roche-sur-Yon, qui culmine à près de neuf mètres cinquante, socle compris, elle fut recouverte de peinture rouge dans la nuit du 26 au 27 juin 2020. Elle avait été pourtant classée monument historique en 2019. Cette reconnaissance officielle aurait dû permettre à ce monument symbolique de la ville de bénéficier d'un statut juridique particulier destiné à le protéger. Cette protection semble bien dérisoire...

Or, s'il y a une statue qui mérite d'être élevée à celui qui fut non seulement le créateur de la ville, mais aussi le pacificateur d'une Vendée qui subit une véritable guerre d'extermination, causant la mort de près de deux cent mille personnes, c'est bien celle de La Roche-sur-Yon. Quasiment exsangue au sortir de la Révolution, comme égaré au milieu d'une Vendée saignée à blanc par les combats et les divisions, ce gros bourg doit son salut à la volonté de l'Empereur. En 1804, désireux de mettre un terme définitif aux troubles qui agitent la Vendée royaliste, Napoléon résout d'installer l'ordre impérial au cœur de la région. Il souhaite faire de la nouvelle cité un manifeste architectural destiné à promouvoir son régime. Située au centre du département, la ville voulue par l'Empereur va prendre un intérêt stratégique en concentrant l'ensemble des nouvelles structures administratives, politiques et militaires. Napoléonville est née.

En 1852, sous le Second Empire, la municipalité décide d'assumer son histoire et de rendre hommage à son fondateur en élevant une statue équestre de Napoléon au milieu de la place principale. Elle est l'œuvre d'Émilien de Nieuwerkerke, qui choisit de réaliser une copie de sa propre statue de Napoléon qui trônait à Lyon et qui sera renversée en 1870 et détruite en 1871. Le 20 août 1854, une foule de vingt mille personnes se déplacent pour découvrir la statue, à l'occasion de la commémoration du cinquantenaire de la ville. Son financement a été réalisé par souscription auprès de cent cinquante-deux communes qui ont pu collecter cinquante-sept mille sept cent vingt et un francs de l'époque. Elle est d'ailleurs aujourd'hui la seule des six statues équestres de Napoléon recensées en France à n'avoir pas quitté son emplacement d'origine.

« Que le crime de Napoléon soit rappelé dans les écoles »

Le 3 décembre 2005, le Collectif des Antillais, Guyanais, Réunionnais et Mahorais (Collectifdom), dirigé par Patrick Karam, adressait à la ministre de l'Outre-mer en fonction, Michèle Alliot-Marie, des revendications pour le moins délirantes : « Que le crime de Napoléon soit rappelé explicitement dans tous les programmes et manuels scolaires. [...] Que l'État cesse de subventionner les manifestations destinées à la gloire de Napoléon. Que le CSA interdise et notamment aux chaînes publiques de consacrer des programmes à la glorification de Napoléon [...]. » Enfin, « qu'un Centre national de mémoire et d'histoire de l'esclavage soit immédiatement créé pour contribuer à rétablir la vérité sur l'esclavage et contribuer à faire connaître les héros antillais victimes de Napoléon. [...] Napoléon Bonaparte, empereur des Français, tombant moralement sous le coup de la loi de 2001, nous vous demandons, Madame la Ministre, afin de respecter la mémoire des esclaves et de leurs descendants, de bien vouloir prendre en compte nos revendications. »

Toutes ces demandes ont été satisfaites par les gouvernements successifs, de 2005 à 2023.

La Journée nationale de l'esclavage

L'instauration d'une «Journée des mémoires de la traite, de l'esclavage et de leur abolition» est le fruit de la loi Taubira, adoptée le 10 mai 2001 à l'Assemblée nationale. Le 30 janvier 2006, le président Chirac choisit de fixer cette journée au 10 mai en référence au jour de l'adoption à l'unanimité par le Sénat de la loi Taubira, promulguée le 21 mai 2001. N'eût-il pas été plus utile que l'Organisation des Nations unies (ONU) adoptât une loi déclarant la traite négrière et l'esclavage «crimes contre l'humanité», pour la rendre universelle et attirer ainsi l'attention sur la pratique actuelle de l'esclavage? Partout à travers le monde, du Sahel à la péninsule Arabique en passant par la Corne de l'Afrique, des cas d'esclavage contemporain sont constatés chaque jour, sans que rien soit fait pour toutes ces victimes qui sont, elles, bien vivantes. Ni SOS Racisme, ni le Cran, ni Collectifdom, ni le PIR, ni le Crif (Conseil représentatif des institutions juives en France) ne s'y consacrent, préférant concentrer leurs attaques sur la France. Leur rengaine sur la colonisation et l'esclavage est devenue leur fonds de commerce.

En dernier lieu, il eût été plus profitable pour nos élèves de leur rappeler que le monde entier s'est livré à cet horrible commerce, et d'insister sur le fait historique et incontestable que ce sont le Royaume-Uni et la France qui, les premiers, se sont élevés contre cet infâme trafic et l'ont combattu.

Il s'agirait également d'exiger que le monde entier fasse son *mea culpa* – les pays européens aussi bien qu'arabes, africains et asiatiques. On peut se demander si les revendications systématiques des différents groupes communautaires sur le sol français, visant, au nom des malheurs de l'histoire, à obtenir une journée commémorative, ne risquent pas, à terme, de creuser un peu plus le fossé entre les citoyens. L'exacerbation des rancœurs et des haines anciennes ne peut déboucher que sur des affrontements.

Plan numéro 5 : pulvériser à coups de masse la statue de Joséphine de Beauharnais

Aux yeux de tous !

Le 26 juillet 2020, à Fort-de-France, en Martinique, la statue de l'impératrice des Français, tel était son titre officiel, est détruite à coups de masse par une trentaine de Martiniquais furieux poussant des hurlements. Les morceaux sont ensuite recouverts de feuilles de palmier pour pouvoir y mettre le feu. Même la plaque qui indiquait son lieu de baptême sur l'église des Trois-Îlets a été détruite à coups de burin. Tout le monde laissa faire, aucun dispositif de protection n'a été établi : les autorités tout d'abord, au premier rang desquelles le maire, Didier Laguerre, le préfet de Martinique ensuite, Stanislas Cazelles, qui a donné l'ordre de ne pas intervenir, le ministre de l'Intérieur, Gérald Darmanin, fort en rodomontades mais qui ne passe que très peu à l'action (un mois auparavant, le président Macron avait pourtant promis qu'aucune statue ne serait déboulonnée en France), la presse, enfin, qui soutient ces casseurs de statues. *France-Antilles* titra simplement « Les militants RVN sont passés à l'action », comme pour mieux légitimer cet acte de destruction odieux[1].

Ces antiracistes sont en réalité les nouveaux racistes, pour qui la couleur de peau est la seule grille de lecture possible. Quelle barbarie, quelle régression ! Il aurait été pourtant facile pour le préfet et le maire, investis par le Code de l'urbanisme de la responsabilité des Monuments historiques, d'empêcher légalement la destruction de cette statue. Figurer sur cette liste signifie, en droit français, que les monuments en question doivent être protégés. La statue et son socle y sont inscrits depuis 1992. Enfin, pourquoi ne pas avoir mis cette statue emblématique à l'abri des vandales pour la sauvegarder ?

Les pauvres débris de la statue de Joséphine de Beauharnais sont conservés dans un lieu qui est tenu secret, car personne en Martinique ne veut prendre le risque de provoquer de nouvelles destructions.

Une destruction qui ne « rapporte » rien

Pauvre Joséphine, quel crime a-t-elle commis ? Les militants du Mouvement international pour les réparations (MIR), qui revendiquent la destruction, reprochent

1. « Statues de Joséphine et de Belain d'Esnambuc : les militants RVN sont passés à l'action », *France-Antilles Martinique*, 26 juillet 2020.

à l'impératrice, fille d'un planteur de l'île, d'avoir incité Napoléon Bonaparte à rétablir l'esclavage en 1802. En 1991, l'effigie de Joséphine avait déjà été décapitée, puis éclaboussée de peinture rouge sang, écho aux horreurs de la Terreur qu'elle-même vécut à la prison du Temple. Laisser sa statue sans tête, maculée de peinture, sur la place publique en plein centre-ville de Fort-de-France était déjà un aveu de lâcheté de la part de l'État. C'était reconnaître l'impuissance des autorités, leur volonté de ne prendre aucune décision. Depuis, la statue n'a jamais été restaurée, et le nom de l'impératrice, gravé sur son piédestal, a été martelé.

L'œuvre de Vital Gabriel Dubray en marbre de Carrare pesait quatre tonnes. Le sculpteur alla lui-même chercher le marbre dans la fameuse cité italienne. Présentée à Paris au Salon de 1857, la statue fit sensation. Théophile Gautier la trouva «élégante et gracieuse» et le photographe Nadar écrivit qu'il s'agissait «d'une des plus belles œuvres que nous connaissions dans la sculpture moderne». Inaugurée en 1859, elle était la propriété de tous les Français. Sa destruction ne modifiera aucunement le passé, et ne changera rien à la gloire de notre belle impératrice. Rendons-lui grâce et tâchons de ne pas l'oublier...

Aussitôt après la destruction de la statue de Joséphine de Beauharnais, la poignée d'activistes anticolonialistes mit à terre celle de Pierre Belain d'Esnambuc, le navigateur qui prit possession de la Martinique en 1635 au nom de Louis XIII. Sa statue, installée depuis 1935, faisait régulièrement l'objet de tags en créole, tel *Nou pa lé Djol misié kay nou* («Nous ne ne voulons pas voir la gueule de ce type chez nous»). Elle fut déboulonnée avec des cordes passées autour de son cou. Quand elle s'écroula, les militants wokes poussèrent des hurlements et des cris de joie. Ils lui brisèrent la tête pour mieux la séparer du corps et la jetèrent dans la cour de la préfecture de Fort-de-France.

Cinq militants du MIR appartenant à la mouvance Rouge Vert Noir – couleurs d'un drapeau nationaliste martiniquais – ont été mis en examen et laissés libres, sous contrôle judiciaire. Sachant qu'ils ne seront jamais inquiétés, ils affichent l'arrogance des délinquants intouchables et continuent leurs dégradations. Quand sonnera l'heure du procès, les indépendantistes viendront manifester aux abords du palais de justice, en déployant leurs drapeaux et en hurlant leur haine anticolonialiste. La loi et la justice reculeront-elles une fois encore? Les délinquants seront-ils acquittés?

L'histoire de la belle créole Joséphine est unique et incomparable. Sa statue élégante et étrange régnait sur l'oasis de la place de la Savane, au centre de Fort-de-France. Elle soulignait l'héritage mixte de l'impératrice et constituait un lieu fascinant à visiter. Il est triste et déplorable que les Martiniquais ne comprennent ni la valeur patrimoniale ni la valeur touristique que revêt la figure de l'impératrice pour le développement économique de leur île. Il aurait fallu exploiter intelligemment cette immense popularité afin d'attirer les visiteurs et organiser tout un parcours pour expliquer son destin incomparable...

DEUX FEMMES CRÉOLES, DEUX TRAITEMENTS RADICALEMENT DIFFÉRENTS

Les militants radicaux n'entrevoient pas leurs propres contradictions. Dans la pensée décolonialiste, il existe constamment deux poids, deux mesures. Le traitement outrancier réservé à Joséphine illustre parfaitement ce paradoxe si on le rapproche de celui d'une autre femme publique, issue elle aussi d'une grande famille de planteurs esclavagistes mais à La Réunion : Françoise Vergès. L'ex-présidente du Comité national pour la mémoire et l'histoire de l'esclavage (2004-2019) a été nommée par Nicolas Sarkozy, qui l'a entre-temps décorée de la Légion d'honneur (créée par Napoléon). La famille de Joséphine de Beauharnais possédait quelque cent quinze esclaves, soit moins que la famille de la militante antiraciste Françoise Vergès qui n'en exploitait pas moins de cent vingt et un en 1848.

Françoise Vergès est la fille du député PCF Paul Vergès, sénateur, président du conseil régional de La Réunion, et la nièce du sulfureux avocat Jacques Vergès, qui défendit, entre autres, le nazi Klaus Barbie. Françoise Vergès, proche du mouvement décolonial, ne manque jamais une occasion de réclamer des réparations et des dommages et intérêts à l'État français au nom de l'esclavage. Comme sur France Info, quand elle déclare le 8 mai 2015 : «Je pense que poser la question des réparations est essentiel, c'est incontournable. Je ne vois aucune raison qui puisse s'opposer à envisager des réparations. » Elle tente de se construire une réputation de spécialiste de l'esclavage en répandant des contrevérités dans les assemblées et autres réunions postcoloniales. En 2017, elle est nommée au groupement d'intérêt public baptisé « Mission pour la mémoire de l'esclavage, des traites et de leurs abolitions ».

Plan numéro 6 : détruire les statues de Victor Schœlcher, apôtre de l'abolitionnisme

« En abolissant l'esclavage il y a 172 ans, Victor Schœlcher a fait la grandeur de la France. Je condamne avec fermeté les actes qui, perpétrés hier en Martinique, salissent sa mémoire et celle de la République », a tweeté le président Emmanuel Macron à l'annonce de la destruction de ses statues le 22 mai 2020. Il est vrai qu'il semble complètement aberrant que l'homme qui permit à la France d'être parmi les premières nations dans l'histoire de l'humanité à mettre fin au fléau de l'esclavage, aux côtés du Royaume-Uni, subisse les foudres de ceux pour qui il a œuvré toute sa vie. Trois de ses statues ont été déboulonnées et trois bustes dégradés et tagués. Ces actes stupides ne font qu'exaspérer les tensions aux Antilles et en métropole, et creuser davantage le fossé entre les communautés.

CEUX QUI LUI DOIVENT LEUR LIBERTÉ

Le 22 mai 2020, la démolition de deux statues de Victor Schœlcher, dans les communes de Fort-de-France et de Schœlcher, est le fait de la même poignée de fanatiques qui s'acharneront deux mois plus tard, le 26 juillet, sur la statue de Joséphine de Beauharnais. Alors que ces activistes ont revendiqué les faits sur les réseaux sociaux, il fallut attendre deux ans pour qu'ils soient enfin mis en examen et poursuivis pour destruction en réunion d'objets mobiliers classés. Ces militants indépendantistes de Rouge Vert Noir (RVN) n'ont jusqu'à présent encouru aucune condamnation.

Les militants ont pulvérisé la première statue sur le parvis de l'ancien palais de justice, place Légitime-Défense. Œuvre d'Anatole Marquet de Vasselot, la statue représente Victor Schœlcher penché avec tendresse vers une petite fille sur le chemin de l'éducation, dont la main sur la bouche s'apprête à lui envoyer un baiser. À ses pieds est posée une chaîne devenue inutile, gravée de l'inscription « Nulle terre française ne peut plus porter d'esclaves ». Une quinzaine de vandales se sont acharnés longtemps sur elle en hurlant.

La seconde statue, érigée à l'entrée de la commune de Schœlcher, date de 1964. Elle était l'œuvre de la première femme sculptrice de Martinique, Marie-Thérèse Julien Lung-Fou. Elle a été complètement détruite, alors qu'elle venait d'être restaurée.

Une majorité d'Antillais a été révoltée par cet acte odieux. Les membres du conseil municipal du bourg ont voté une motion par laquelle les institutions municipales s'engagent à poursuivre les « auteurs directs ou indirects de cet acte ignoble ». [...] Nous considérons que Victor Schœlcher est une des grandes figures emblématiques du mouvement abolitionniste au 19ème siècle comme l'écrivait Aimé Césaire "la clairvoyance de Schœlcher avait donné le branle de la liberté, l'impétuosité nègre fit le reste." »

En Guadeloupe, sept bustes de l'abolitionniste ont été élevés ; celui de Sainte-Anne porte l'inscription « À Victor Schœlcher la race noire reconnaissante » et celui de La Désirade se distinguait avec « À Schœlcher défenseur de la race noire ». Précisons ici que la Société des amis de Victor Schœlcher, qui réalise un travail remarquable mais visiblement insuffisant.

Au moment où le président Emmanuel Macron prétendait que « la France ne déboulonnera aucune statue », les destructions se poursuivaient en Guadeloupe. Le 27 mai, le buste de Schœlcher de la commune de Vieux-Habitants fut tagué d'inscriptions comme « raciste », et dans la nuit du 23 au 24 juillet 2020, son buste installé sur la place au centre-ville de la commune de Basse-Terre a disparu. Le tweet du président du 14 mai sera de nouveau désavoué, plus d'un an après, le 29 mai 2021, quand le conseil municipal de la ville du Lamentin, deuxième ville de la Martinique, décidera de déboulonner un magnifique buste de Schœlcher. Le maire ordonnera à ses services techniques de « déchouquer » la statue du plus beau symbole de la République abolitionniste, l'auteur du décret d'abolition de l'esclavage.

Victor Schœlcher, l'homme qui décréta l'abolition de l'esclavage le 27 avril 1848

Il faut rappeler, une fois encore, combien Victor Schœlcher eut de mal à remporter son combat. Il se consacra à ce problème dès la fin des années 1830, à son retour d'un long séjour à Cuba. Proclamée en février 1848, la Deuxième République débute dans un grand élan humanitaire et égalitariste que l'on a appelé l'« esprit quarante-huitard ». L'abolition définitive de l'esclavage est ainsi décrétée le 27 avril. Elle est son œuvre principale. Militant actif depuis longtemps, Schœlcher a convaincu le nouveau ministre de la Marine, François Arago, qui le nomme sous-secrétaire d'État aux Colonies. Non sans peine, il réussit à recueillir la signature de chaque membre du gouvernement. C'est donc bien lui qui inscrit son combat au cœur du projet républicain. En revanche, il ne parvient pas à faire adopter sa mesure pour l'attribution d'un lopin de terre et d'une indemnité à chaque ancien esclave. Nous sommes donc à l'opposé du procès que lui intentent les activistes aujourd'hui d'avoir privilégié uniquement les planteurs. Dans cette triste histoire, l'ignorance et la bêtise semblent mêler leurs pires effets.

Cette décision avait été précédée par la première loi au monde à abolir l'esclavage, celle du 4 février 1794, lors de la Révolution française. Elle comprenait l'interdiction de la traite négrière, c'est-à-dire le transport de Noirs depuis l'Afrique vers l'Amérique. Après son rétablissement en 1802 par Napoléon, elle est interdite par lui-même le 29 mars 1815, mais il abdique le 22 juin de la même année. En 1827, la traite est abolie dans la loi française, même si sa pratique continue dans les faits. Le texte officiel de 1848 est donc l'aboutissement d'une lente évolution des mentalités. D'ailleurs, un vaste mouvement d'affranchissement local avait déjà été amorcé par certains grands propriétaires coloniaux : nombreux étaient ceux qui avaient compris que l'abolition était inéluctable.

En Guadeloupe et en Martinique, les esclaves ont contribué à accélérer ce mouvement. Ils multiplient les insurrections dès la nouvelle de la proclamation de la République. Le 22 mai 1848 éclate la grande révolte contre les colons durant laquelle vingt esclaves sont tués et trente-trois colons brûlés vifs dans une maison. Les gouverneurs des Antilles doivent annoncer la suppression de l'esclavage avant même l'« arrivée » du décret parisien. Finalement, l'ordre est rétabli. Près de deux cent cinquante mille Noirs obtiennent la liberté dans les colonies, les planteurs sont indemnisés et l'économie locale connaît un regain d'activité.

Depuis 1949, Victor Schœlcher repose au Panthéon, comme il se doit. Il fut pendant longtemps célébré par Léopold Sédar Senghor, Gaston Monnerville et Aimé Césaire, qui rappelèrent quel humaniste et militant des droits de l'homme de la première heure il fut. Le jour de son élection, le 21 mai 1981, François Mitterrand ne manqua pas de déposer une rose sur sa sépulture. Le nouveau président, qui connaissait son histoire par cœur, souligne ainsi l'importance d'un tel personnage, qui avait été de tous les combats progressistes, comme l'abolition de la peine de mort, l'amélioration des conditions de détention des prisonniers ou même l'affirmation des droits des femmes. Victor Schœlcher n'a vraiment pas mérité une telle ingratitude. Comme l'explique le professeur Armand Nicolas, historien communiste : « Schœlcher fut un grand humaniste qui a œuvré toute sa vie pour la libération de l'homme de toute oppression. Il a essayé d'instaurer dans les colonies une société nouvelle respectueuse des droits de l'homme. L'insulte qui lui est faite est donc inadmissible[1]. »

1. « La statue de Schœlcher vandalisée: Armand Nicolas, le «père du 22 Mé» réagit… », *Antilla*, 19 septembre 2013.

Plan numéro 7 : quand les statues du général Faidherbe défraient la chronique

En plein centre de Lille, le piédestal de la statue du général Faidherbe a été tagué le 21 juin 2020 des mots « colon » et « assassin », inscrits en rouge, au lendemain d'une manifestation visant à réclamer son déboulonnage. Le collectif Faidherbe doit tomber ! constitué de plusieurs groupements (le Front uni des immigrations et des quartiers populaires – FUIQP, l'association Survie Nord, le collectif Afrique, le Collectif sénégalais contre la célébration de Faidherbe, l'Atelier d'histoire critique et le Comité des sans papiers 59), était présent en tant qu'instigateur. Ses membres exigent le déboulonnage de la statue dans le sillage du mouvement pour une décolonisation de la mémoire et de l'histoire françaises. Alors qu'à Lille on s'écharpe sur le déboulonnage d'une statue de Faidherbe, à Saint-Quentin ou à Bapaume, les habitants se mobilisent pour la défendre.

Ces collectifs antiracistes jugent que Louis Faidherbe, « l'une des grandes figures du colonialisme français », a mené « une guerre d'extermination » – « massacres, famines, régime de la terreur au Sénégal » – qui a abouti « à l'imposition d'un système d'oppression raciste ». « La réhabilitation de la statue de Faidherbe à Lille, insulte permanente à la mémoire des peuples colonisés, est une faute. » Aussitôt, tous les médias français, de *L'Express* (24 mai 2018) à *La Voix du Nord* (10 avril 2018) en passant par France Bleu (1er juin 2018) et France Info Afrique (17 mars 2019), reprennent ces informations sans discernement et affichent une relative ignorance de la réalité historique.

Inutile de le nier, la plupart des Français ignorent aujourd'hui qui était le général Louis Faidherbe. Pourtant, dès 2018, à l'occasion du bicentenaire de sa naissance, le 3 juin 1818, une vaste campagne de dénigrement a été organisée. Plusieurs associations antiracistes et anticoloniales dénonçaient son omniprésence (statue, rue, lycée, pont) à Lille et au Sénégal et réclamaient la démolition des statues.

Or, Faidherbe est celui qui, en tant que gouverneur, a bâti le Sénégal de 1854 à 1865, et en a pratiquement dessiné les frontières actuelles. Né à Lille, il s'est illustré durant la guerre de 1870 à la tête de l'armée du Nord, a empêché l'invasion allemande des Hauts-de-France, et ainsi évité à la France la perte de ce territoire en 1871. Républicain depuis toujours, il sera élu député dans la Somme, le Pas-de-Calais et le Nord, qu'il choisit finalement de représenter à l'Assemblée dès 1871, où il siège à gauche. Il termine sa carrière comme sénateur du

Nord. Ses funérailles, en 1889, rassemblent industriels et ouvriers de la région.

« Faidherbe doit tomber ! »

À Lille, une rue et un lycée portent le nom du général, et une statue à son effigie trône place Richebé, en plein centre-ville, depuis 1896 : un beau bronze équestre signé Antonin Mercié, dans un agencement de l'architecte Paul Pujol, inscrit aux monuments historiques depuis 1975. La souscription nationale lancée pour recueillir les fonds nécessaires atteignit la somme considérable de cent quatre-vingt-sept mille francs de l'époque en à peine quelques semaines.

Dans une lettre ouverte adressée à la maire de Lille, Martine Aubry, le collectif Faidherbe doit tomber ! (une reprise du slogan *Rhodes Must Fall* en Afrique du Sud) critique la restauration récente de l'imposante statue : « La restauration de cette statue, à grands frais, mais sans consultation des habitants, nous scandalise. Ignorez-vous qu'elle glorifie, en la personne de Louis Faidherbe (1818-1889), l'une des grandes figures du colonialisme français ? [...] Nous demandons qu'à [sa] place soit rendu un hommage aux victimes de la colonisation et à celles et ceux qui y ont héroïquement résisté[1] ». Le collectif demande à la mairie de suivre l'exemple de plusieurs villes

1. Lettre ouverte à Martine Aubry, maire de Lille, de l'association Survie Nord, le Collectif Afrique, l'Atelier d'histoire critique, le Front uni des immigrations et des quartiers populaires (FUIQP) et le Collectif sénégalais contre la célébration de Faidherbe, 24 mai 2018.

comme New York, Johannesburg ou Barcelone, qui effacent peu à peu des symboles colonialistes ou esclavagistes, ou Berlin qui va rebaptiser plusieurs rues rappelant la colonisation allemande en Afrique et honorer à la place des militants africains de l'indépendance.

Ces organisations contestent une certaine conception de l'histoire qui donnerait la part belle aux « tortionnaires », aux « racistes », aux acteurs de la colonisation et qui grave dans la pierre ou le bronze des figures historiques « coupables ». Un de ces collectifs est même mené par un ex-journaliste de l'ultragauche, Thomas Deltombe. En 2011, il faisait déjà partie des signataires d'un manifeste refusant de soutenir *Charlie Hebdo*[1].

Leur objectif, dans un premier temps, est de faire pression sur la municipalité de Lille pour qu'elle retire la statue du général Faidherbe et qu'elle débaptise la rue et le lycée du même nom. Dans un second temps, il s'agira de mettre la pression sur la municipalité de Saint-Louis du Sénégal afin qu'elle retire la statue de Faidherbe sur la place du même nom.

Martine Aubry leur répond positivement et estime que le débat « a sa légitimité, [...] qu'il est à mener, peut-être aussi au niveau national. Car de nombreuses villes ont une rue Faidherbe », ajoutant que « le questionnement sur les traces du passé colonial dans l'espace public prend de l'ampleur un peu partout dans le monde[2] ». Enfin, la maire socialiste récuse « une quelconque bienveillance vis-à-vis du colonialisme » et a

1. Voir le manifeste signé par Thomas Deltombe le 5 novembre 2011, du collectif Les Mots sont importants.

2. France Bleu, 1er juin 2018.

d'ailleurs fait renommer la rue Canrobert (1809-1895), un maréchal qui a participé à la conquête de l'Algérie ; même si sa municipalité n'a pas « l'intention de retirer la statue […] restaurée au titre de sa valeur patrimoniale, ni de renommer la rue ».

La statue de Faidherbe à Saint-Louis du Sénégal

À cinq mille kilomètres de Lille, dans la ville de Saint-Louis du Sénégal, une autre statue de Faidherbe fait couler beaucoup d'encre. Là, les revendications sont identiques, même si la défense du général est plus courageuse chez certains Sénégalais qui refusent tout extrémisme.

Tout d'abord, parmi ses opposants, Abdoul Hadir Aïdara, ex-directeur du Centre de recherches et de documentation du Sénégal (CRDS), qui déclare : « Faidherbe était un conquérant colonial, sabreur des populations civiles, [qui] a brûlé des villages au Waalo et au Cayor ». « On lui a fait trop d'honneurs au Sénégal en lui donnant les noms d'un lycée, d'un pont et d'une place[1] », ajoute-t-il. Grâce à un travail de sape mené parallèlement sur les réseaux sociaux, les jeunes Africains sont désormais convaincus de cette version négative de l'histoire coloniale et persuadés que Faidherbe est un bourreau et un massacreur.

Malgré cela, pour d'autres Sénégalais, plus anciens, Faidherbe est toujours perçu comme le grand bâtisseur qui a permis le développement d'infrastructures et

1. « De Lille à Saint-Louis, la statue du général Faidherbe interroge le passé colonial de la France », *Le Point*, 24 mai 2018.

d'équipements. Beaucoup de Sénégalais « ont une ambivalence de sentiments : tantôt il est perçu comme un colon conquérant face à la résistance armée des royaumes sénégalais, tantôt comme le créateur de l'État du Sénégal moderne et le libérateur des Noirs sénégalais face aux exactions des Maures de la Mauritanie voisine[1] », nuance l'historien Amadou Bakhaw Diaw. Le maire de Saint-Louis, Mansour Faye, n'a pas hésité à demander la réhabilitation de la statue endommagée par un ouragan le plus rapidement possible. Et le directeur du Patrimoine culturel, Abdoul Aziz Guissé, affirme, lui, que la statue, qu'elle soit chargée positivement ou négativement, fait partie du patrimoine architectural et historique et, de ce fait, doit être maintenue non pas pour célébrer la colonisation mais par devoir de mémoire. En février 2018, lors de sa visite au Sénégal, Emmanuel Macron a prononcé son discours sur la place Faidherbe, à Saint-Louis, promettant des financements. Dans son allocution, il a fait allusion à la lutte de Faidherbe contre des religieux musulmans qui appelaient aux soulèvements contre les Français. Il a déclaré : « On m'a raconté qu'ici, à Saint-Louis, autour des années 1850, les Français s'inquiétaient de la montée du djihadisme. Parfois, l'histoire bégaie. » Un rapprochement entre la lutte menée contre le fanatisme religieux par les troupes de Faidherbe et le djihadisme islamique qui sévit plus que jamais.

1. Laurent Ribadeau Dumas, France Info, 27 mai 2018.

Le «mythe Faidherbe» a longtemps dominé au Sénégal. Il y a encore peu de temps, le général était considéré comme une sorte d'ancêtre. «Maam Faidherbe», disait-on, comme s'il était un génie tutélaire qu'il fallait saluer à chaque entrée ou sortie de Saint-Louis. Cette ville agréable, située entre l'océan Atlantique et le fleuve Sénégal, fut la première implantation coloniale française en Afrique, en 1659; le «Louis» de Saint-Louis est un hommage à Louis XIV. Durant la Révolution, les habitants de Saint-Louis obtiennent de plein droit le statut de citoyens français. Depuis 1891, la statue du général Faidherbe était érigée au cœur de la ville sur l'une de ses places principales, qui porte son nom, elle en a été retirée en 2020. L'ancienne capitale de l'Afrique-Occidentale française (AOF) est jumelée depuis 1978 à la ville de Lille. Sur le socle de la statue, érigée en 1891, on peut lire : «À son gouverneur L. Faidherbe, le Sénégal reconnaissant». Son administration s'appuie sur une population mulâtre nombreuse, disciplinée et instruite. Ce grand général était républicain parce qu'il avait compris qu'on ne pouvait progresser qu'entre hommes libres et égaux.

L'esclavage au Sénégal avant l'arrivée des Français

Sur ce territoire, les hommes et les femmes étaient soumis à l'esclavage bien avant l'arrivée des Français. Les tribus usaient ainsi de leurs prisonniers de guerre, et, depuis le VIIIe siècle, les Maures allaient chercher en Afrique subsaharienne la main-d'œuvre qu'ils emmenaient ensuite sur les marchés du monde musulman.

Les propriétaires des villages négriers sur le continent, où étaient parqués les captifs, étaient les rois wolofs du Cayor et les rois toucouleurs du haut fleuve Sénégal.

Le nord du Sénégal était le domaine des Maures guerriers, pillards et esclavagistes, qui avaient étendu leur influence sur les populations noires au sud du fleuve. Celles-ci étaient divisées en nombreux peuples et États. Le royaume du Cayor, entre Saint-Louis et Gorée, constituait le seul État organisé. Au Sud, les Sérères se répartissaient en divers groupes. Dans le Haut-Sénégal, enfin, vivaient des populations d'origine blanche, les Peuls et les Toucouleurs.

À cette traite orientale s'ajouta à partir du XVIe siècle une traite occidentale, d'abord hispanique. Les tribus côtières organisaient des razzias dans les terres ; leurs captifs étaient achetés par les Européens et embarqués pour être revendus aux Amériques.

Louis Faidherbe : un visionnaire

« Il faut prendre pour règle de conduite l'intérêt des indigènes. » C'est dans cet état d'esprit que le jeune chef de bataillon Faidherbe, en poste à Saint-Louis depuis deux ans, nommé gouverneur de France, entreprend en 1854 la véritable colonisation du Sénégal. Il apporte un nouvel esprit à cette conquête. Pour lui, l'indigène est mieux qu'un vaincu, qu'un être méprisé et ignoré : c'est un homme, qui doit être traité comme tel. Selon lui, le fleuve forme un axe de pénétration, la seule voie vers l'intérieur du continent. Cet officier du génie chargé des travaux publics incarne la nouvelle politique coloniale française. Né en 1818, fils d'un modeste commerçant de Lille, il est passé par Polytechnique et l'école militaire de Metz : le besoin d'activité et le désir d'une solde plus élevée le conduisent à prendre du service aux colonies, en Guadeloupe et en Algérie, où il contractera de graves maladies.

Quand il est nommé gouverneur, à trente-six ans, il est d'un abord extérieur rude et ses subordonnés le craignent, ils finiront par l'aimer, mais ils reconnaissent d'emblée sa droiture et sa profonde bonté. Cet homme à la physionomie sévère arbore une impressionnante moustache et de fines lunettes d'acier ; ses traits émaciés lui valent le surnom de « Vieille Momie ». À Saint-Louis, il vit, au vu et au su de tous, avec une jeune indigène sénégalaise, dont il a un fils, qui mourra prématurément à vingt-quatre ans. Faidherbe reconnaîtra ce fils métis auquel il est très attaché et qu'il intégrera dans un régiment de spahis (cavaliers) sénégalais.

D'intelligence vive, Louis Faidherbe a le souci de se rapprocher des populations indigènes : il apprend l'arabe en Algérie, le wolof au Sénégal. Éprouvant une sincère amitié pour les peuples colonisés, il est convaincu qu'il faut les instruire avant de les émanciper. En Algérie, il est impressionné par la force de l'islam, pour lequel il conservera toujours un profond respect.

Lorsqu'il prend ses fonctions au Sénégal, les comptoirs périclitent, privés des revenus générés par la traite des Noirs depuis l'abolition de l'esclavage (1848 pour la France), et les quelques bénéfices sont mis à mal par les exorbitantes « coutumes » prélevées par les Maures sur les transactions. Avec ses maigres troupes, Faidherbe bâtit des fortins sur les rives du fleuve Sénégal afin de sécuriser le négoce et livre bataille aux Maures, les contraignant à renoncer au trafic d'esclaves.

Dans le Nord, en amont du fleuve, il doit également faire face aux musulmans toucouleurs et à leur chef charismatique, le marabout El Hadj Omar Tall. Faidherbe intervient en 1855, remonte le fleuve jusqu'à Kayes, fait construire un fort à Médine (aujourd'hui au Mali) et y laisse sept soldats français, vingt-deux tirailleurs sénégalais et trente-six matelots indigènes sous les ordres de l'officier mulâtre Paul Holle. Dès son départ, El Hadj Omar assiège Médine avec plus de vingt mille guerriers toucouleurs. Holle et ses hommes résistent à tous les assauts, protègent la population et tiennent tête aux assaillants pendant trois mois. Peu à peu, les assiégés, affamés et manquant de munitions, perdent tout espoir de voir arriver Faidherbe. À bout de forces, Holle décide de se faire sauter avec le fort si les secours font défaut. Mais cinq jours avant la date fixée, Faidherbe, qui a attendu la saison des pluies pour pouvoir remonter le fleuve Sénégal à bord d'une canonnière à vapeur, arrive et parvient à mettre en déroute l'armée du marabout avec seulement cinq cents hommes. Médine est libérée le 18 juillet 1857.

Cette victoire assoit le prestige de Faidherbe, qui poursuit l'extension du territoire colonial en livrant plusieurs batailles, mais également en créant des alliances. Il procède ainsi à la réunification d'un pays jusque-là divisé entre royaumes rivaux, avec l'aide d'un corps permanent devenu fameux depuis, celui des tirailleurs sénégalais, qu'il crée en 1857, en versant une solde correcte aux soldats.

Fondateur de Dakar et bâtisseur de Saint-Louis

Parallèlement à ses succès militaires, Faidherbe entreprend la mise en valeur du Sénégal en commençant par réaliser d'importants aménagements d'urbanisme. À Saint-Louis, il fait venir l'eau potable, construire des égouts, des hospices, assainir des berges et installer l'éclairage public… Il va également faire relier l'île aux deux rives du fleuve par un pont permanent, qui porte encore son nom. Inauguré en juillet 1897, il est classé au patrimoine mondial de l'humanité par l'Unesco en 2000. Par ailleurs, il fonde un journal, *Le Moniteur du Sénégal*, une bibliothèque, un musée. Le gouverneur fait également creuser de 1862 à 1866 le port de Dakar, qui va prendre une ampleur nouvelle avec la construction d'une ligne de chemin de fer qui le relie à Saint-Louis – ligne voulue par Faidherbe qui, pour la réaliser, devra vaincre le damel (roi) du Cayor, Lat Dior, autre opposant aux forces françaises. Cette voie ferroviaire facilitera l'acheminement de l'arachide, nouvelle, et bientôt première, richesse du Sénégal dont Faidherbe a réussi à imposer la culture, encourageant les autochtones à la cultiver.

Pendant dix ans, Faidherbe réalise des relevés topographiques et collecte des renseignements ethnographiques. Sur le plan administratif, il crée un système qui laisse une part de responsabilités aux élites locales traditionnelles ; les territoires annexés sont divisés en cercles dirigés par des Français, mais dont les chefs de canton sont africains. Dans le même esprit, il crée des tribunaux indigènes, leur laissant la liberté d'appliquer le droit coutumier.

Avec les médecins de la marine, Faidherbe organise la lutte contre la dramatique épidémie de fièvre jaune de 1878. Elle décime une grande partie de la population de Gorée et de Saint-Louis.

Quant à l'école, premier instrument d'émancipation, Faidherbe en crée une pour les fils de chefs. Y sont placés dans un premier temps les otages donnés par les princes indigènes en signe de soumission à la République. Puis, il crée à Saint-Louis des écoles laïques (au nombre de treize en 1865) ; les écoles catholiques y prospèrent elles aussi. Faidherbe fait accorder des bourses aux élèves qui se sont distingués pour qu'ils puissent continuer leurs études à Alger ou en France.

Dans une volonté d'assimilation, et pour s'assurer l'émergence d'une élite propre à participer à l'administration du pays, Faidherbe, républicain convaincu, ouvre l'enseignement à la communauté musulmane en créant, à côté des écoles régies par les ordres religieux, des écoles laïques, primaires d'abord, puis secondaires. Elles verront éclore de jeunes talents qui mettront leur éducation au service de la colonie, jusqu'à son indépendance, comme Blaise Diagne, premier député noir au Palais-Bourbon dès 1914 (aux États-Unis, il faudra attendre 1966 pour qu'un Noir soit élu au Sénat...), puis sous-secrétaire d'État au ministère des Colonies, ou comme Léopold Sédar Senghor, député français au Sénégal et Mauritanie en 1945, ministre français en 1959 puis premier président du Sénégal indépendant.

Ainsi le général Faidherbe est indissociable de l'histoire de Saint-Louis (ponts, place, statue, etc.), et les autorités sénégalaises ont bien du mal à réécrire l'histoire de la plus belle ville du Sénégal, qui n'aurait sans doute jamais existé sans la colonisation française. Grâce à sa richesse architecturale et culturelle, et à son bâtisseur, la ville de Saint-Louis est classée au patrimoine mondial de l'humanité par l'Unesco depuis 2000. Nier ou détruire ce passé serait faire perdre à la ville une grande part de son intérêt touristique et vider sa capacité hôtelière en plein développement…

Faidherbe fait partie intégrante de l'histoire du Sénégal et de la France. La colonisation est mêlée à l'histoire du Sénégal et il ne faut pas renier cette histoire, même si elle présente des aspects négatifs. Le général Faidherbe incarne au plus haut point le mythe du « colon bâtisseur » et « visionnaire ». Il a le droit d'être dépeint comme un amoureux de l'Afrique, un passionné du Sénégal.

Le Sénégal lui devrait bien cet hommage. Pourtant, depuis les événements de 2020, la statue de Maam Faidherbe est remisée dans un débarras, un vrai placard à balais, et cela ne semble plus émouvoir personne[1]…

1. « In Senegal's Former Capital, a Colonial Statue in Hiding Is No Longer Welcome », *New York Times*, 5 mai 2022.

Plan numéro 8 : abattre les statues « racistes » du général de Gaulle

Quelle ville de France ne possède pas une rue, un boulevard, une place au nom de Charles de Gaulle ? Quel homme politique ne se réclame pas de son héritage ? Figure incontournable de notre histoire contemporaine, le général de Gaulle, après être devenu le mal-aimé de nos manuels scolaires, est désormais une des cibles des activistes décoloniaux. Depuis les réformes des programmes scolaires de 2011 et 2016, les nouveaux pédagogues, tous imprégnés des idéaux de Mai 68, relèguent lentement mais sûrement la figure du général de Gaulle aux abysses de l'histoire. Avec la réduction des programmes d'histoire de troisième et de terminale, on touche le fond. Le chef de la France libre, libérateur du territoire, président fondateur de la Cinquième République, est de moins en moins étudié, et ce n'est qu'en toute fin de programme que les collégiens et lycéens découvrent son rôle dans notre histoire. Le drame du Général est d'être un trop grand personnage en ces temps de nivellement et de présidence « normale ». Il existe plus de cinquante statues ou bustes de lui en France. On pourrait croire qu'un tel l'homme, qui s'opposa de toutes ses forces au nazisme, aurait été épargné par la « culture de l'effacement antiraciste ». Or, il n'en est rien.

Le 15 juin 2020, un buste du général de Gaulle, œuvre du sculpteur Guy Harbonnier, est vandalisé à Hautmont, dans le Nord. Son visage est maculé de peinture orange fluo. Au dos, la mention « esclavagiste » est tracée en lettres capitales rouges. Peu avant, dans la nuit du 12 au 13 juin, à l'approche des quatre-vingts ans de l'appel du 18 juin 1940 et de la célébration du cinquantième anniversaire de sa mort, la statue en pied du Général, dans la commune des Pavillons-sous-Bois, en Seine-Saint-Denis, est couverte de peinture jaune.

Ces actes de vandalisme ne sont, hélas, pas une première.

La magnifique statue du général de Gaulle érigée sur l'avenue des Champs-Élysées, à Paris, œuvre du sculpteur Jean Cardot, avait déjà été taguée sur son socle, le 5 mars 2017, par un seul et même individu à sept reprises. Et on se souvient qu'en janvier 2016, la statue du premier président de la Cinquième République avait été souillée à Calais du message, ô combien politique : « Nik la France... » (*sic* !).

Enfin, en Martinique, dans la commune du Robert, le 29 août 2020, le buste du Général est barbouillé de peinture rouge et noire avec les inscriptions « Tirey salop » ; « Nou pas franssé » et « 1944 massacre de Thiaroye ». Le maire porte plainte pour insulte à la mémoire des résistants d'outre-mer.

Cela semble évident, s'en prendre au personnage historique le plus populaire de France, après Napoléon, vise à choquer le plus grand nombre possible de citoyens. La Ligue de défense noire africaine (LDNA) a d'ailleurs tweeté le 9 novembre 2020 : « La #LDNA ira cracher sur sa tombe prochainement au nom des martyrs africains qui méritent qu'on cache cet odieux personnage génocidaire ! » Quelle bêtise, quelle méconnaissance de toute réalité historique. « La gloire trouve dans l'outrage son suprême éclat », disait André Malraux.

Plan numéro 9 : déboulonner les statues de la Vierge et de saint Michel

Le 16 décembre 2021 et le 12 janvier 2023, les militants d'extrême gauche de la Fédération nationale de la libre pensée (FNLP) ont obtenu après deux procès retentissants les déboulonnages des statues de l'archange saint Michel aux Sables-d'Olonne et de la statue de la Vierge à La Flotte-en-Ré, au motif qu'elles se trouvent sur le domaine public et qu'elles violeraient ainsi la loi de 1905 sur la séparation des Églises et de l'État. Ces tristes décisions de justice des cours d'appel de Nantes et de Bordeaux, que l'on retrouve d'ailleurs dans de nombreuses affaires de ce type, sont une véritable bénédiction pour les tombeurs de statues. Elles vont faire jurisprudence et nous allons assister à une multiplication du nombre de ce genre de procès.

Ces affaires expriment à merveille la gravité du mal qui nous ronge. Car si l'on commence à extirper toutes les traces des racines chrétiennes de notre pays, nous n'en avons pas fini. Rappelons que sur notre sol ont été bâtis durant quinze siècles près de cinquante-cinq mille édifices religieux et que l'archange saint Michel est le saint patron de la France depuis le XIVe siècle… Une véritable volonté de déconstruction est à l'œuvre de la part de ces ligues prétendument de la libre-pensée qui s'inscrivent dans cette culture de l'effacement la plus abjecte et qui porte bien son nom. Pour ces nouveaux ayatollahs, toutes les occasions sont bonnes pour tenter d'effacer des pans entiers de notre histoire sous couvert de bien-pensance. Afin de couper la France de son héritage historique et culturel, ces extrémistes détournent la loi de 1905 au nom de la neutralité de l'État, de l'égalité des citoyens et de la liberté de conscience. Cette vision anachronique est évidente à La Flotte-en-Ré ou aux Sables-d'Olonne, où ces statues sont soudain devenues des symboles d'infamie absolue. À l'origine, le principe de laïcité avait pourtant pour objectif de promouvoir la tolérance. Nous devrions donc avoir aujourd'hui une vision plus apaisée, respectueuse de l'histoire et des traditions locales. Car à côté de cela, par exemple à Stains, commune de Seine-Saint-Denis, les rues vont prendre des noms étrangers, tel celui de la femme de Mahomet… sans que personne s'en émeuve. Bienvenue en ex-France !

Anticléricaux laïcards : une idéologie destructrice

Cette volonté de détruire par tous les moyens notre héritage chrétien provient du mépris qui imprègne l'idéologie dominante : l'opinion des populations locales n'a aucune importance, aucun intérêt, seul compte l'avis des « élites intellectuelles éclairées ». Et quelles élites ! Un assemblage hétéroclite regroupant ligues d'extrême gauche et associations d'étudiants d'université, d'administrations publiques et de cours de justice. Les retraits de chefs-d'œuvre du patrimoine, comme la statue de Jeanne d'Arc à Bourg-Argental (Loire) en janvier 2023 ou les fresques de la chapelle du conservatoire Candolle à Montpellier, illustrent cette culture de l'effacement. La chapelle doit être transformée en école primaire, et il faut préalablement recouvrir les magnifiques peintures murales de la chapelle des Ursulines, datant du XIXe siècle, pour ne pas heurter les élèves en raison de leur caractère religieux. Incroyable !

La plus dangereuse de ces associations est la Fédération nationale de la libre pensée (FNLP), animée par un militantisme acharné – il suffit pour s'en persuader de lire ses statuts. Cette structure anticléricale défend des idées semblables à d'extrême gauche composant la Nupes. Son mot d'ordre est d'ailleurs : « Ni dieu ni maître, à bas la calotte et Vive la Sociale ! » Sur le site de l'association, on peut lire : « La Libre Pensée se réclame de la raison et de la science. Elle n'est pas un parti ; elle est indépendante de tous les partis. Elle n'est pas une Église ; elle n'apporte aucun dogme. Elle vise à développer chez tous les hommes, l'esprit de libre examen et de tolérance... » Cependant, dans les textes rédigés par ses membres et leurs émissions, on constate beaucoup de dogmatisme et de divagations. Enfin, la FNLP défend les associations islamistes, le port du foulard en milieu scolaire et du burkini dans les piscines[1]. En 2017, elle a saisi avec succès le tribunal de Dijon pour exiger que les cantines de Chalon-sur-Saône servent des repas de substitution sans porc. Parmi ses membres, proches ou sympathisants, on retrouve la CGT, SUD éducation, des associations de professeurs et la Ligue des droits de l'homme. L'actualité démontre que le Conseil d'État est systématiquement de leur côté[2].

Combien de membres compte cette fameuse fédération, impossible de le savoir : celle-ci entretient un flou douteux sur le sujet. On peut simplement constater que la page Facebook de cette fédération nationale, implantée dans chaque région de France et soutenue par le Conseil d'État ainsi que par les radios du service public, atteint difficilement les trois mille trois cents abonnés dans tout le pays[3]. France Culture invite très régulièrement ses représentants. Le 13 novembre 2022, la « Libre Pensée », émission animée par Christophe Bitaud, vice-président de la fédération, invite Alix Rémy, vice-présidente de Coexister pour échanger sur la « Liberté de conscience et laïcité ». Le 8 janvier 2023, Bitaud invite Philippe Besson, libre-penseur et le 12 mars 2023, il invite Serge Sebban, autre libre-penseur.

---

1. Selon elle, les tentatives d'encadrement législatif du port du voile seraient un dévoiement de la laïcité ; « Débat sans fin autour du voile islamique », France Culture, « Pixel », 15 avril 2016 ; « Retrait de la "loi séparatisme" : déclaration du mouvement associatif et syndical à Bordeaux », *Rue89 Bordeaux*, 31 mars 2021.

2. En octobre 2017, la fédération morbihannaise obtient une décision du Conseil d'État à l'encontre de la croix de la statue du pape Jean-Paul II à Ploërmel (Morbihan).

3. Source : page Facebook de la Fédération de la libre pensée.

94,5 % POUR LE MAINTIEN DE SAINT MICHEL

À La Flotte-en-Ré, une pétition lancée le 7 février 2022 pour sauver la statue de la Vierge ne cesse de prendre de l'ampleur : elle comptait déjà quarante-sept mille cinq cent soixante-treize signataires le 9 juin 2023. Aux Sables-d'Olonne, le courageux maire, Yannick Moreau, a organisé en mars 2022 une consultation citoyenne pour faire obstacle à la justice française : quatre-vingt-quatorze et demi pour cent des quatre mille cinq cent quatre-vingt-treize votants se sont prononcés pour le maintien de la statue, qui ne gêne personne localement. Pourquoi en faire une affaire d'État ? En croyant s'opposer à la religion, les wokes laïcards s'opposent en réalité à la tradition et à notre culture. Réalisée au XIXe siècle, cette belle statue de saint Michel était installée dans l'enceinte d'une école privée de la ville depuis 1935. Seulement voilà, depuis 2017, l'école a été fermée, puis détruite, et la statue a été déplacée sur le parvis de l'église Saint-Michel. Ce qui apparaît logique ! Si l'on appliquait le jugement inique de déboulonnage dans toute sa rigueur, la statue de sainte Jeanne d'Arc place des Pyramides à Paris devrait être prestement évacuée.

Quelle sera la prochaine étape ? La destruction de la fontaine Saint-Michel à Paris, qui représente elle aussi le saint terrassant le dragon, interdire toute circulation sur le boulevard Saint-Michel, ou encore fermer la station de métro du même nom ? Ces demandes abusives de laïcistes radicaux complices de la *cancel culture* illustrent à merveille l'idéologie de la table rase au centre de la pensée woke, soutenue par l'extrême gauche française : les traces de la tradition chrétienne doivent être effacées pour construire un nouveau monde *ex nihilo*, et qui serait, prétendument, meilleur. Quelle réussite ! On en voit déjà les contours…

Plan numéro 10 : l'ignorance crasse du mouvement woke

La dégradation des statues de Jacques Cœur à Bourges, de celle de Saint Louis dans la ville du même nom dans le Missouri ou encore de celle de Louis XVI à Louisville sont aussi symptomatiques de cette ignorance qui sévit parmi les membres de la *cancel culture* et du mouvement woke.

Le 21 juin 2020, à Bourges, dans le Cher, la statue du négociant Jacques Cœur fut recouverte du graffiti « colonialisme ». On se demande pourquoi : le grand argentier du roi Charles VII, né vers 1395 et mort en 1456, et n'a strictement aucun lien avec la colonisation ou la traite négrière. La magnifique œuvre d'Auguste Préault, datant de 1875, mais inaugurée avec le piédestal en 1879, fut bien dégradée, la peinture rouge ayant pénétré le marbre en profondeur, suscitant l'indignation de nombreux élus. Le maire socialiste de Bourges dénonça la propagation jusque dans le Berry des thèses indigénistes et séparatistes, et l'ex-maire, divers droite, condamna fermement ces agissements : « Le communautarisme est en route[1] », a-t-il réagi. Mais le plus navrant dans tout cela est que l'on se pose vraiment des questions sur le niveau des connaissances des militants décoloniaux en particulier, et des Français en général.

Le vandalisme de la statue de Jacques Cœur sans aucune raison valable est à rapprocher de celui de Louis XVI à Louisville (Kentucky) souillée le 29 mai 2020, son bras cassé sous le poids d'un manisfestant. La ville fut baptisée en 1780 en raison du soutien essentiel que le roi de France apporta aux *insurgents* américains. Sans cette aide, le cours de l'histoire américaine aurait sans doute été changé. De plus, cette magnifique statue est un cadeau de la ville de Montpellier, en 1966, à la commune de Louisville, afin de marquer le jumelage qui les unit. Elle est l'œuvre du sculpteur Achille Joseph Valois, élève de l'illustre sculpteur Chaudet, en 1815, pour saluer le rétablissement de la royauté et marquer son attachement au nouveau régime. Elle s'intitule *Le roi implore le Ciel pour la France* et est classée au titre des monuments historiques depuis 1921. Montpellier doit bien regretter aujourd'hui de s'être séparé de cette belle œuvre d'art.

La tentative de déboulonnage de la statue du roi Saint Louis, le 27 juin 2020 à Saint-Louis, dans le Missouri, est, elle aussi, inexplicable. Fondée le 15 février 1764

1. « Indignation d'élus après un tag sur la statue de Jacques Cœur à Bourges », France Info, 22 juin 2020.

par les colons français, la ville fut baptisée en l'honneur du roi de France Louis IX, dit « Saint Louis ». Située au confluent du Missouri et du Mississippi, la cité est créée sur un plan inspiré de celui de Montréal et doit servir de poste pour le commerce des fourrures. Par ailleurs, le portrait du roi de France figure parmi les vingt-trois portraits qui ornent la Chambre des représentants des États-Unis, au Capitole à Washington. Depuis 1904, sa statue en bronze, *Apothéose de Saint Louis*, trône devant la façade du musée d'Art dans le Forest Park[1]. L'œuvre du sculpteur américain Charles Henry Niehaus était devenue un des principaux symboles de la capitale du Missouri. Le 27 juin 2020, donc, cette magnifique statue est menacée d'être déboulonnée par les manifestants du mouvement Black Lives Matter. Ils reprochent au souverain d'avoir été raciste pour avoir pris la tête de deux croisades en Afrique du Nord. Près de huit cents ans après la fin des croisades, Saint Louis est accusé d'être l'incarnation du chef de guerre croisé ! Ce titre qui autrefois faisait la gloire du héros chrétien, modèle même du législateur universel parti combattre les infidèles pour délivrer le tombeau du Christ, est transformé aujourd'hui en condamnation irrévocable du passé et de prétendues fautes historiques.

Pour autant, au cœur de la ville américaine, des groupes de chrétiens s'organisent pour protéger la statue des dégradations. Leur présence constante est un rempart pour la mettre à l'abri. Elle est une réponse à ceux

1. One Fine Arts Drive, Forest Park, Saint-Louis, Missouri.

qui s'en prennent aux représentations publiques des personnages historiques soupçonnés aujourd'hui d'être coupables d'actions racistes. L'un de ces défenseurs expliquait aux militants antiracistes : « Saint Louis était un homme qui voulait utiliser sa royauté pour faire du bien à son peuple ! » Un combat qu'aurait volontiers partagé une autre citoyenne d'honneur de la ville de Saint-Louis, puisqu'elle y est née : Joséphine Baker. La chanteuse, française d'adoption, dont la dépouille repose au Panthéon, à Paris, depuis 2021, personnifie la vision hexagonale de l'intégration, bien différente de celle de son pays natal. Première star noire internationale, grâce à la France comme elle le reconnaissait volontiers, Joséphine soutenait le combat des Noirs d'Amérique pour les droits civiques ainsi que leur droit à l'éducation.

L'AMÉRICANISATION DE LA PENSÉE

Comme peuvent en témoigner de très nombreux immigrés, parmi lesquels Joséphine Baker, les origines, la race ou la couleur de peau ne sont pas un problème en France pour ceux qui ont du mérite. L'importation de l'idéologie woke depuis les États-Unis finit de saper notre modèle de société et les fondements de notre république.

Il peut paraître puéril de penser adapter notre histoire nationale à l'histoire américaine, telle qu'elle est en train de tourner avec la domination de l'économie néolibérale des Gafam, des chaînes de fast-food McDonald's en passant par Twitter ou Netflix. Il n'en demeure pas moins que ce transfert à la fois quantitatif et qualitatif de nos représentations mentales est très préjudiciable à notre inconscient collectif et à notre identité. Quand nous troquons nos icônes nationales, Voltaire ou Victor Hugo, pour celles de Martin Luther King ou de Nelson Mandela, nous endossons leurs malheurs et leurs combats. Observez autour de vous le nombre de lycées, d'écoles, et même une gare RER, portant le nom de Rosa Parks, pionnière des droits civiques aux États-Unis. Pourtant, ces grands personnages ne font pas partie de notre histoire, nous ne sommes ni les Sud-Africains ni les Américains, nous n'avons jamais pratiqué l'apartheid sur le sol de France, et en 1965, les droits civiques conquis par Martin Luther King pour les Noirs étaient appliqués depuis longtemps dans notre pays. Pourquoi nous charger de nouvelles culpabilités ? N'avons-nous pas assez à faire avec nos propres heures sombres ? Progressivement, la France est devenue une société post-raciale à l'américaine, alors qu'elle n'a jamais été une société raciale.

L'importation sur notre territoire des thèses « décoloniales », amorcée par et défendue par la mouvance indigéniste, postule l'existence d'un « racisme d'État », d'un « racisme systémique » qui maintiendrait délibérément les populations issues de l'immigration africaine dans un statut d'infériorité. Ce « racisme d'État » viserait du même coup l'islam, religion qui, de ce fait, se retrouve assimilée à une « race », celle des victimes, des humiliés par excellence. Cette « domination » racialiste serait instaurée par l'institution scolaire dès le plus jeune âge et à tous les niveaux ; les élèves, les étudiants seraient ainsi exposés à des enseignements biaisés visant à les rabaisser, les enseignants véhiculant, inconsciemment pour la plupart d'entre eux, des représentations sociales héritées de l'époque coloniale. Pour la mouvance décoloniale, l'école de la Troisième République fait donc l'objet de toutes les détestations : odieusement raciste et islamophobe, puisque laïque, affreusement colonialiste, car elle adhérait à un idéal universel d'instruction, la fameuse « mission civilisatrice ». Il s'agit toujours chez ces indigénistes de porter un regard anachronique sur cette époque passée pour mieux la décalquer sur le présent.

Les nouveaux talibans français

C'est une évidence, la destruction de statues et d'œuvres d'art à travers le monde, et à travers l'histoire, n'a jamais cessé. Le fanatisme religieux a souvent motivé le saccage du patrimoine. Chacun se souvient des talibans dynamitant les bouddhas de Bâmiyân, en 2001, en Afghanistan. Les djihadistes de l'État islamique s'acharnèrent en 2015 sur les sublimes vestiges gréco-romains de Palmyre, en Syrie, ou encore à Mossoul, en Irak, à Tripoli, en Libye, ou à Tombouctou, au Mali, le plus souvent contre des monuments islamiques anciens mais jugés hérétiques.

Cependant, nous-mêmes, en France, n'avons rien à envier à ces barbares. Souvenons-nous du saccage de l'Arc de Triomphe le 1er décembre 2018. Cette profanation a ravi les nouveaux « talibans » de la destruction : on a uriné sur le monument, on a tagué ses piliers, on a explosé le moulage de la tête de Marianne, du sculpteur François Rude, décapité le buste de Napoléon, une œuvre d'Antoine-Denis Chaudet, pulvérisé la maquette de l'Arc de Triomphe (datant de 1938) et détruit des matériaux muséographiques (panneaux, vitrines, matériel de médiation, bornes interactives, etc.). Ces iconoclastes décérébrés ont souillé ce symbole national, sans doute l'un des lieux de mémoire les plus importants de France. J'y vois un geste antimilitariste contre le sanctuaire célébrant nos soldats tombés au champ d'honneur. La flamme sur le tombeau du Soldat inconnu, que dominent les noms des batailles, des maréchaux et des généraux de Napoléon, tout cela contribue à en faire bien plus qu'un monument commémoratif. Quand j'entends certains politiques qui retournent la situation en excusant les actes répréhensibles de ce 1er décembre, je ne peux m'empêcher de penser que la France est en pleine désintégration.

L'idéologie de la culture de l'effacement, soutenue par des mouvements d'extrême gauche, est de mieux en mieux organisée, que ce soit au sein de La France insoumise (LFI), du Parti communiste français (PCF), du Nouveau Parti anticapitaliste (NPA), de Lutte ouvrière (LO), de l'Alternative libertaire (AL) ou de la Fédération anarchiste (FA). Les derniers « exploits » des *black blocs*, qui ont vandalisé des quartiers entiers de Paris et de tant d'autres villes lors des manifestations des Gilets jaunes, de novembre 2018 à mars 2020, ont démontré leurs connivences avec la mouvance décoloniale.

Désormais, les décoloniaux ne sont plus des mouvements isolés et à la marge, tenus à l'écart des institutions comme ils le prétendent. Au contraire, ces militants sont invités régulièrement à des événements universitaires ou à des colloques dans des lieux culturels prestigieux, comme le Collège de France, la Sorbonne, l'institut d'études politiques de Paris, l'École normale supérieure, le CNRS, le musée du Louvre, le musée du Quai Branly, et sont plus que jamais omniprésents dans les universités.

Les universités françaises gangrenées par les thèses décoloniales

Depuis le début des années 2000, cette nouvelle idéologie fait des ravages dans les universités françaises, et en particulier à Paris-VIII-Vincennes-Saint-Denis, Paris-Cité, Paris-I-Panthéon-Sorbonne, Lumière-Lyon-II, Toulouse-Jean-Jaurès, Sciences-Po Grenoble.

Le 25 mars 2019, à la Sorbonne, le théâtre grec fut interdit de plateau par les militants décoloniaux indigénistes du Conseil représentatif des associations noires de France (Cran). La représentation de la pièce d'Eschyle *Les Suppliantes* a été empêchée violemment par une quarantaine d'activistes qui protestaient contre l'usage de masques de couleur par des acteurs blancs[1], ignorant que c'est une tradition dans le théâtre grec depuis deux mille cinq cents ans. Dans leur communiqué, ils dénoncent « une pièce colonialiste et raciste ». Ils sont soutenus par l'Unef, un syndicat étudiant.

On a du mal à y croire ! La liberté d'expression est une fois encore gravement bâillonnée. Le quotidien *Le Monde* daté du 27 mars 2019, qui titre « À la Sorbonne, la guerre du 'blackface' gagne la tragédie grecque », semble même légitimer la pensée du groupe communau-

1. Laure Carpentier, « À la Sorbonne, la guerre du 'blackface' gagne la tragédie grecque », *Le Monde*, 27 mars 2019.

taire en reprenant chaque déclaration de son président d'honneur, Louis-Georges Tin : «Le racisme n'est pas seulement une idéologie réservée à l'extrême droite. Ce serait trop simple.»

Ce type de militants prétendument antiracistes instaure un système de lecture de la société où la couleur de peau l'emporte sur tout. Une fois encore, le concept d'identité est utilisé pour victimiser une communauté : le Blanc est forcément raciste, le Noir est forcément victime de racisme. Il y a désormais comme une forme de déterminisme. Les antiracistes sont devenus les nouveaux racistes... À quand l'interdiction du Cran, des Indigènes de la République et autres groupements communautaires ?

Avec la chute du mur de Berlin, en 1989, l'échec de la gauche dans le contexte international des années 1990-2000 a entraîné une dérive plus marquée encore de toute une partie de son élite, politique, intellectuelle et médiatique, vers l'extrême gauche. Tout ce qui pouvait, de près ou de loin, avoir affaire avec la nation, les frontières, l'intégration à une culture nationale commune, par l'école notamment, le patriotisme, la fierté d'être français, devenait des valeurs de droite, voire d'extrême droite, à rejeter absolument.

Ironie du sort, la France plonge désormais dans le marigot woke, réécrivant notre histoire commune à partir de récits mêlant histoire, mémoire et mythologie des thèmes obsessionnels tels que l'esclavage, le colonialisme, le génocide, l'immigration. Il en ressort que la société française – traduire «blanche» et chrétienne – ainsi que l'État français seraient intrinsèquement racistes.

Ces partis de gauche et ces syndicats, comme SUD éducation, multiplient les ateliers « non mixtes », interdits aux Blancs, et les manifestations « racisées ». Leur vocabulaire est pollué par la « race », le « racialisme », l'« islamophobie » et le « postcolonialisme ».

L'université française ou l'opprobre du racialement correct

Dans les départements universitaires français de sciences humaines, nombre de chercheurs endossent les grandes théories des *gender studies* ou des *racial studies* élaborées aux États-Unis, reprenant le vocabulaire abscons cher aux héritiers de Michel Foucault, Gilles Deleuze, Jacques Lacan et Jacques Derrida, cette *French Theory* influente sur les campus américains des années 1970-1980. Certains sont docteurs en sociologie ou en sciences politiques. Beaucoup plus inquiétant, nombreux sont normaliens. La plupart des fers de lance de cette idéologie sont des doctorants qui voient leurs thèses validées par une poignée de professeurs d'université grenouillant dans la mouvance indigéniste. Tout ce petit monde, très sensible au discours du comité Vérité pour Adama (Traoré), des Indigènes de la République ou du Cran, publie des articles dans des revues secondaires, voire anonymes, et des livres chez des éditeurs militants plutôt qu'universitaires. Mais ce sont les petites rivières qui forment les grands fleuves.

Ils nous expliquent que ce qui compte, ce n'est pas tant le réel que les représentations mentales et sociales, qui, à les lire, seraient gravées dans le marbre.

S'institue ainsi une police de la pensée dont toutes les idéologies totalitaires ont porté la marque : on vous affecte à une identité en vous prêtant une croyance, donc des comportements, induite par votre groupe d'appartenance, supposé ou réel. Vous devenez raciste par vos ascendants ou sexiste parce que vous êtes un homme blanc hétérosexuel. Parallèlement, si vos ascendants furent esclaves, colonisés, exterminés, ou si vous êtes née femme, vous êtes à jamais une victime. Et comme il s'agit de représentations sociales, il convient d'éclairer votre lanterne, car vous êtes parfois victime ou bourreau par héritage sans le savoir ! Une poignée de maîtres-penseurs universitaires viennent ainsi révéler au grand jour vos tares et vos traumas. Trop d'impensés tueraient-ils la pensée ? Par la magie d'un simple logiciel de statistiques, ces prétendus penseurs « analysent » vos discours et vos textes, et produisent un nuage de mots administrant la preuve sémantique de vos obsessions mentales, racistes, sexistes, colonialistes, enfin dévoilées.

Ainsi, à l'université Paris-VII-Diderot (devenue Paris-Cité en 2019) a eu lieu du 27 au 29 septembre 2018 un colloque intitulé « Racisme et discrimination raciale, de l'école à l'université » qui a rassemblé la crème de ces chercheurs en indigénisme. L'articulation de la notion de « race » est ici subtilement passée par le prisme « discriminatoire » du système scolaire et académique français, de ce fait implicitement défini comme raciste. Certains intervenants au colloque avaient animé en 2017 un stage de formation « en non-mixité choisie » proposé par Sud Éducation 93 ayant pour thème : « Au croisement des oppressions : où en est-on de l'antiracisme à l'école ? ».

Ce stage prévoyait des sessions «décoloniales» interdites aux descendants d'esclavagistes ou de colons, autrement dit, interdites aux Blancs non musulmans.

En cette fin septembre 2018, trois jours durant, une université parisienne a donc débattu de son propre racisme, confirmant en cela non seulement qu'il existe, mais encore qu'il lui serait quasiment consubstantiel. Au sein même de l'institution académique, distiller la thèse selon laquelle celle-ci serait structurellement raciste constitue une des tactiques répertoriées de l'entrisme indigéniste. Les activistes «décoloniaux», fins stratèges, misent sur le principe d'économie : un investissement minimal et quelques intervenants qui, par le truchement des instances universitaires, peuvent répandre leurs thèses parmi les jeunes générations, et ce, d'autant plus efficacement qu'elles se trouvent estampillées du label universitaire – si l'université le dit, c'est que c'est vrai... Parmi ces étudiants sont déjà formés nos futurs enseignants qui, à leur tour, apprendront à leurs élèves à quel point ils sont opprimés par les «Blancs», et ainsi de suite.

Christine Clerici, présidente de l'université Paris-Cité depuis 2019, mais aussi l'ancien Défenseur des droits et ancien ministre Jacques Toubon doivent-ils accorder par leur présence la caution institutionnelle que recherche la mouvance décoloniale ? L'offensive universitaire de ces mouvements constitue un danger réel pour l'enseignement supérieur, plus généralement pour la crédibilité des universités françaises déjà mises à mal dans les classements internationaux. Ne nous y trompons pas : les décoloniaux, comme les islamistes, suivant les théories d'Antonio Gramsci, veulent précisément faire imploser l'institution scolaire et académique, qui est le socle de la société à venir.

L'université française se voit ainsi progressivement contaminée par la gangrène de la réécriture de l'histoire, la même qui a gagné les campus américains, qui y a décrédibilisé des départements entiers et conduit des enseignants réputés à quitter leur poste.

Deuxième partie

Le plan d'attaque aux États-Unis

Plan numéro 1 : organiser la chute des idoles

En une dizaine d'années, les États-Unis ont déboulonné plus d'une centaine de statues de leurs espaces publics, dont toutes celles des généraux confédérés, considérés comme racistes. Tout emblème sudiste est systématiquement retiré des drapeaux des États qui l'avaient conservé jusque-là, comme la Louisiane, le Mississippi ou la Géorgie. Le décès de George Floyd, l'Afro-Américain mort asphyxié sous le genou d'un policier blanc le 25 mai 2020, a donné un nouveau souffle au mouvement Black Lives Matter contre les violences policières. Pour autant, d'autres citoyens considèrent au contraire que ces statues et ces emblèmes font partie de leur patrimoine historique, d'où une situation explosive, toujours prête à dégénérer.

Christophe Colomb, grand explorateur ou génocidaire ?

Le mal touche, ou touchera bientôt, pratiquement tous les Pères fondateurs des États-Unis ou leurs héros nationaux. L'exemple du grand explorateur génois Christophe Colomb est symptomatique. Longtemps présenté comme le « découvreur de l'Amérique », il est désormais associé automatiquement aux exactions commises par les Européens envers les Amérindiens, dès sa découverte du continent en 1492. Il est notamment considéré comme l'initiateur de la traite négrière. Pourtant, il y a encore peu de temps, en 1992, la ville de Columbus, dans l'Ohio, dépensait quatre-vingt-quinze millions de dollars pour célébrer le cinq-centième anniversaire de l'arrivée de Christophe Colomb dans le Nouveau Monde. Trente ans après, l'explorateur apparaît comme le personnage le plus déboulonné de tout le continent américain. Du Canada à l'Argentine, en passant par le Mexique, le Pérou, la Bolivie, plusieurs dizaines de ses statues ont été décapitées ou détruites.

Aux États-Unis, plus de trente de ses statues ont été déboulonnées depuis la mort de George Floyd. Dès 2006, à Boston, l'une d'elles avait été décapitée par des militants amérindiens. Ils justifièrent leur geste en expliquant qu'il fallait célébrer une histoire remontant bien avant 1492. En 2017, à Columbus, une statue est vandalisée dans un cimetière. Deux jours auparavant, une autre statue de l'explorateur est mise à terre dans la ville de Baltimore, sur la côte est des États-Unis. En 2018, deux monuments à l'effigie de l'explorateur sont vandalisés : l'un à Yonkers (état de New York), dans le parc mémoriel de Christophe Colomb, l'autre dans le Queens, sur lequel il est inscrit « N'honorez pas le génocide, enlevez-le ».

C'est cependant la grande statue new-yorkaise de Christophe Colomb, perchée sur une colonne à vingt et un mètres de haut, trônant au milieu de Columbus Circle, qui cristallise les tensions. Située en plein cœur de Manhattan, cette place, l'une des plus célèbres de la ville de New York, est consacrée à la mémoire de l'explorateur. Chaque année depuis 1892, date à laquelle le président Roosevelt décrète que le 12 octobre, jour où Christophe Colomb débarqua pour la première fois en Amérique, sera férié, tous les États fêtent le Columbus Day. En 2007, le président Bush fixe cette fête nationale au deuxième lundi du mois d'octobre. Désormais, ce sont les opposants à cette célébration qui se rassemblent sur la place pour dénoncer le génocide des populations amérindiennes. Depuis le 8 octobre 2018, une partie des Américains n'ont plus considéré cette journée comme le *Columbus Day* mais ont préféré célébrer la Journée des peuples autochtones. En plus de San Francisco, Cincinnati, Seattle, Phoenix ou encore Los Angeles, des États entiers, tels que le Minnesota, l'Arkansas, la Floride, le Texas, le Kansas, le Michigan, le Vermont et l'Oregon, ont participé à ce changement de tradition.

Cette remise en question de l'explorateur génois génère de multiples tensions avec les communautés d'origine italienne, comme celle, très nombreuse, de New York.

Ses représentants entendent défendre leur patrimoine, d'autant que ce sont leurs ancêtres qui ont financé la statue de Columbus Circle en 1892. Chaque année, des dizaines de milliers de participants brandissent des drapeaux italiens durant la parade de la Journée de Christophe Colomb à travers Manhattan. Elle attire environ un million de personnes, et près de trente cinq mille d'entre elles participent au défilé au sein de groupes, sur des chars ou des navires ; s'ajoute à ces chiffres le million de téléspectateurs qui regardent la parade devant leur écran. Comme le notait, Basil M. Russo, le président de l'Ordre des fils et filles italiens d'Amérique dans un article du *New York Times* en 2018, le « *Columbus Day* sert de facteur d'unification dans notre communauté ». Le maire de New York, Bill de Blasio, a refusé de démanteler la statue, préférant qu'on lui ajoute une plaque donnant plus d'informations. Il a ainsi souligné, à juste titre, qu'il n'y avait « pas de solution facile » pour « assumer nos histoires collectives », et ajouté : « Notre approche est d'ajouter des détails et des nuances, au lieu d'enlever complètement les représentations de ces histoires. » En réaction, les activistes amérindiens, soutenus par des militants de Black Lives Matter, ont inauguré en 2021, sur Union Square, un buste géant de George Floyd.

Le 10 juin 2020, une nouvelle statue de Christophe Colomb est décapitée à Boston, une autre vandalisée à Miami, une troisième jetée dans un lac à Richmond, en Virginie, une quatrième est arrachée de son socle à Saint Paul, Minnesota, et une cinquième à Camden, dans le New Jersey. Dans les jours qui suivent, deux autres statues sont déboulonnées, dont une à Portland, dans l'Oregon. L'université de Notre-Dame, dans l'Indiana, l'un des établissements les plus anciens et les plus prestigieux des États-Unis, va recouvrir des fresques murales consacrées à l'aventure de Christophe Colomb. Datant du XIXe siècle, celles-ci mettraient en scène des clichés dépassés au sujet des Amérindiens, ignoreraient les conséquences dévastatrices du colonialisme et donneraient une image faussée de l'histoire de l'Amérique coloniale[1].

Récemment, le 8 octobre 2022, le président Joe Biden s'est une nouvelle fois rangé du côté des décoloniaux, qui veulent supprimer le *Columbus Day*. Il a déclaré que le deuxième lundi du mois d'octobre serait maintenant consacré à la Journée nationale des peuples indigènes et que cet événement devrait « mettre en lumière les contributions des nations autochtones dans la société et le pays où elles ont toujours vécu ».

Pour autant, rappelons que c'est bien Christophe Colomb qui, le 12 octobre 1492, découvrit un nouveau monde en posant le pied la pour première fois sur le sol américain, l'« aventure » viking n'étant pas le sujet de notre livre. Croyant se trouver aux Indes, Colomb appela les habitants locaux des « Indiens ».

Les débats actuels sont complexes et exigent beaucoup de nuances. Christophe Colomb n'est pas le criminel nazi que certains Américains décrivent aujourd'hui,

1. Reprise d'une dépêche AFP, « Une université américaine va recouvrir des fresques dépeignant Christophe Colomb », *Le Figaro Étudiant*, 24 janvier 2019.

même s'il est vrai qu'il a fait capturer en Amérique des centaines d'indigènes amenés ensuite en Espagne, où les survivants furent vendus comme esclaves.

Ses détracteurs prétendent que Christophe Colomb est le symbole même de la soumission des peuples originels aux puissances européennes. Cette domination a bouleversé les cultures amérindiennes : « Célébrer Colomb, c'est nous effacer et, de fait, célébrer le génocide de notre peuple », soutient Mahtowin Munro, d'une association de défense des populations amérindiennes[1].

On peut leur opposer que le grand explorateur a laissé une marque indélébile liée à la conquête de l'Amérique depuis plus de cinq siècles : c'est bien l'esprit de détermination et d'aventure de Christophe Colomb qui a animé et inspiré des hommes audacieux et entreprenants.

Charlottesville 2017, l'élément déclencheur

Bien que le mouvement Black Lives Matter soit né en 2013, tout s'envenime réellement avec les émeutes de Charlottesville. En avril 2017, le conseil municipal de cette paisible ville de cinquante mille habitants décide de se débarrasser de la statue équestre de Robert E. Lee, général sudiste ayant commandé la légendaire armée de Virginie du Nord de 1862 à 1865, pendant la guerre de Sécession – statue qui trône paisiblement dans un parc du centre-ville depuis 1924.

Les 11 et 12 août 2017, des centaines de néonazis et de suprémacistes blancs, dont plusieurs se revendiquent

---

1. Barthélemy Glama, « Aux États-Unis, ces statues qu'on déboulonne », *Le Journal des arts*, 26 novembre 2021.

du Ku Klux Klan, font irruption dans cette ville universitaire de l'État de Virginie pour protester contre ce démantèlement. Ils y provoquent de violentes émeutes. Deux policiers et une manifestante antiraciste de trente-deux ans sont tués. Les images de ces manifestations racistes secouent l'Amérique tout entière, ravivant la crainte de la haine raciale et les souvenirs de la ségrégation.

À la suite de ces événements tragiques, la réponse de bon nombre de responsables politiques, sous la pression des étudiants des universités et d'une partie de l'opinion publique, a été de déboulonner les statues des figures de la Confédération. À New York, Bill de Blasio, le maire, a annoncé, le 16 août, vouloir retirer tous les symboles de haine de sa ville. Les monuments célébrant les soldats confédérés ont été supprimés, ainsi qu'une plaque en l'honneur du maréchal Pétain qui avait été posée à l'occasion de son fameux voyage officiel de 1931...

D'autres villes américaines ont suivi le mouvement. Dans tous les États-Unis, du Texas à New York en passant par la Caroline du Nord, tous les bustes et statues du général confédéré Robert E. Lee, et d'autres grands soldats, ont été retirés des campus et d'ailleurs. Des plaques rendant hommage aux « morts confédérés » ont également été enlevées, comme dans le Tennessee, le 17 août 2017, ou encore en Floride le 18 août. La statue d'un soldat confédéré est déboulonnée par des manifestants en Caroline du Nord et en Géorgie. Baltimore s'est débarrassé de ses quatre monuments, Brooklyn a fait disparaître deux plaques, Austin, la capitale du Texas, a éliminé Robert Lee et le général Albert Sidney Johnston.

À Richmond (Virginie), le chef-d'œuvre du sculpteur français Antonin Mercié, qui trônait depuis cent trente ans sur son piédestal haut de douze mètres, après avoir été revêtu d'une bâche pour cacher les tags d'insultes qui le couvraient, est enlevé le 8 septembre 2021. Les déboulonnages exécutés par le conseil municipal de Charlottesville sont le point d'orgue du mouvement anti-confédéré. Le 10 juillet 2020, les agents de la mairie déboulonnent encore deux belles statues en bronze des généraux confédérés Robert E. Lee et Thomas Jonathan Jackson (dit «Stonewall»). Le Tennessee, lui, entend supprimer la statue du général Nathan Bedford Forrest, qui fut effectivement l'un des fondateurs du Ku Klux Klan. Bill Haslam, le gouverneur républicain, a fait disparaître son buste. «Détruisez-le!» lançaient ses soutiens lors d'une campagne de presse menée tambour battant[1].

Joe Biden, élu président le 3 novembre 2020, place son mandat sur le terrain des droits civiques, ce qui donne au mouvement Black Lives Matter une nouvelle vigueur. À Durham, dans l'État sudiste de Caroline du Nord, des manifestants armés de cordes font tomber la statue d'un simple soldat confédéré installée devant un immeuble de l'administration. À Gainesville, en Floride, Old Joe, la statue d'un soldat confédéré érigée en 1909, est retirée de l'espace public. À Birmingham, dans l'Alabama, pourtant un État du Sud très conservateur, le

1. Caroline Crosdale, «Statues : aux États-Unis, les déboulonnages se poursuivent», *Libération*, 22 août 2017.

maire William Bell cache le monument confédéré derrière des planches en bois.

Une vision sublimée du Sud ?

L'ex-président Donald Trump a été vivement contesté. On l'a accusé de refuser de prendre clairement position contre l'extrême droite après les émeutes de Charlottesville, renvoyant les deux camps dos à dos. Si l'on peut contester cette attitude, en revanche, comment ne pas être d'accord avec son opposition à la politique de « déboulonnage » qui s'ensuivit ? En effet, il semble que les émeutes aient été le prétexte à une réécriture de l'histoire contestable dans sa forme comme dans le fond. Donald Trump, qui est loin d'être le président le plus cultivé, a ainsi tweeté : « Triste de voir l'histoire et la culture de notre grand pays mises en pièces par le retrait de nos magnifiques statues et monuments[1]. »

Mais, pour bon nombre d'historiens américains, ces monuments véhiculent une vision sublimée du Sud confédéré. Selon eux, ces statues n'ont pas été installées par devoir de mémoire, mais pour glorifier la cause confédérée. Elles défendent l'idée que les confédérés étaient du bon côté de l'histoire et qu'une guerre sur la question de l'esclavage était une juste cause. Elles sont honorées au nom d'un héritage sudiste qui symbolise la suprématie blanche. À travers la figure du général Robert E. Lee et des autres officiers confédérés, certains voient une exaltation de la « cause perdue » si bien

1. Dépêche AFP, « Donald Trump déplore la "mise en pièces" de l'histoire américaine », *La Croix*, 18 août 2017.

décrite par Margaret Mitchell dans *Autant en emporte le vent*. Le roman et le film entretiennent l'idée que la guerre de Sécession était une noble cause perdue et que les Yankees et leurs alliés étaient les méchants de l'histoire. Selon le critique de cinéma américain Lou Lumenick : « [Le film] fait des efforts pour le mythe que la guerre de Sécession n'était pas un combat contre l'esclavage – une institution que le film s'efforce de rendre romantique[1]. »

Ces divergences illustrent bien la complexité du débat. En effet, après la Seconde Guerre mondiale, tous les dirigeants alliés étaient d'accord pour « dénazifier l'Allemagne » et faire la chasse aux nazis. Or, dans le cas de l'histoire américaine et de la guerre de Sécession, il est difficile de tracer une ligne entre gentils nordistes et affreux sudistes. Si l'on se penche sur l'histoire des figures incriminées, on se rend compte que la réalité est bien plus complexe qu'il n'y paraît, notamment dans le cas du général Lee.

1. « Charlottesville : pourquoi la statue du général Lee fait polémique », *Le Journal du dimanche*, 16 août 2017.

Plan numéro 2 : déboulonner Robert Lee, le général antiesclavagiste

Depuis la fin de la guerre de Sécession (1861-1865), Robert E. Lee a toujours été salué par les deux camps comme un homme raisonnable, un brillant stratège, un antiesclavagiste ayant affranchi ses esclaves avant de rejoindre l'armée du Sud; et, après-guerre, comme un partisan de la reconstruction pacifique du pays. En 1975, le président Gerald Ford décidera même de lui rendre symboliquement ses droits civiques pleins et entiers dans un ultime geste de réconciliation nationale. Son aura et son exemplarité lui ont valu l'érection de plusieurs dizaines de statues partout dans le sud des États-Unis, dont celle de Charlottesville, inscrite depuis 1997 au registre national américain des lieux historiques. Jusqu'en 2014, personne ne remettait en cause le consensus autour de sa personne, ni la présence dans l'espace public de monuments à son souvenir. Depuis les événements de

Charlottesville, en 2017, le général sudiste et antiesclavagiste a subi avec la plupart des chefs confédérés une véritable *damnatio memoriae*[1].

La toute première polémique autour de Lee est née en 2014, sur le campus de l'université Washington et Lee (baptisée ainsi en l'honneur de George Washington et du général Lee) à Lexington, en Virginie, dont Lee a été le directeur de 1865 à sa mort, en 1870. C'est là qu'il repose, dans une petite chapelle. Sa dépouille était depuis longtemps veillée par les drapeaux des régiments de son armée sans que cela pose de problème à quiconque. Mais, en juillet 2014, un groupe d'étudiants noirs a lancé une pétition pour exiger le retrait de ces drapeaux, les jugeant soudainement offensants. Le 6 août, la direction de l'université a donné raison aux étudiants et a fait retirer les drapeaux malgré l'émoi suscité par une telle décision à l'aube des cent cinquante ans de la fin de la guerre de Sécession. C'est à la suite de cette mesure que les suprémacistes blancs ont décidé de se rassembler plus souvent, avec les conséquences que l'on sait.

Victorieux au Mexique, cité pour bravoure à maintes reprises, le général Lee est, à la veille de la guerre de Sécession, admiré et respecté pour ses grandes vertus, on le surnommera « l'Homme de marbre ». Fort logiquement, dès l'entrée en guerre, les deux camps se l'arrachent. Hostile à la sécession et plus proche des idéaux du Nord, il choisit néanmoins de rejoindre les armées confédérées par fidélité à sa région natale.

1. Littéralement, « damnation de la mémoire ».

Engagé à la tête d'une armée mal équipée et inférieure en nombre, il se lance dans une guerre qu'on lui prédit perdue d'avance. Malgré une magnifique suite de victoires héroïques et d'épisodes dignes de la bataille des Thermopyles, Lee finit par comprendre que la défaite est inéluctable. Soucieux de préserver l'intégrité et l'honneur du Sud, il capitule à Appomattox, comptant sur la clémence des autorités du Nord. Après cette défaite, le héros de guerre, partisan hardi de la réconciliation entre le Nord et le Sud, milite donc aux côtés du Parti démocrate pour une reconstruction commune. Il se réjouit publiquement de l'abolition de l'esclavage et renouvelle son serment d'allégeance à la Constitution américaine. Devenu président d'université, il mène une politique volontariste, excluant systématiquement les élèves coupables de violences racistes.

Celui qui était « un ennemi sans haine, [...] un soldat sans cruauté, un vainqueur sans oppression, et une victime sans murmure », selon le sénateur Benjamin Harvey Hill, meurt en 1870. Il deviendra un symbole, car il faisait partie de ces hommes qui, comme le général Jackson – un officier sudiste, proche de Lee, qui donnait des cours du soir aux Noirs –, avaient rejoint le camp des vaincus par loyauté plus que par idéal.

« J'AI ÉTÉ ÉLEVÉ PAR L'UN DES PLUS GRANDS HOMMES DU MONDE »

Les historiens occultent également un témoignage édifiant, celui de William Mack Lee, ancien esclave et domestique de Robert E. Lee pendant la guerre, et affranchi dix ans avant qu'elle ne débute : « J'ai été élevé par l'un des plus grands hommes du monde. "Il n'y a jamais eu un homme né d'une femme plus grand que le général Robert E. Lee, selon mon jugement[1]". » William Mack Lee a accompagné le général Lee – « maître Robert », comme il l'appelait – tout au long de la guerre. Il fut à ses côtés durant toutes les batailles : Cheat Mountain, Seven Days, Manassas, South Mountain, Antietam, Fredericksburg, Chancelorsville, Gettysburg, Wilderness, Spotsylvania, Deep Bottom, et enfin à Appomattox Court House, soit presque tous les théâtres sanglants de la guerre de Sécession. Il cuisinait, faisait le ménage, soignait le cheval du général. Il fut blessé à la tête et à la hanche, demeurant invalide jusqu'à la fin de ses jours.

Dans ses Mémoires, il ne se rappelle qu'une seule fois où le général Lee s'est mis en colère contre lui. Que savait réellement William Mack Lee à propos de Robert E. Lee ? Il a été à son service pendant les quatre ans de la guerre la plus sanglante de l'histoire de l'Amérique. Ils ont vécu ensemble dans des tentes, par des hivers au froid mordant, des printemps boueux et des étés étouffants. Ils ont vu des hommes mourir par milliers. William Mack Lee a vu son maître de près. Il le connaissait non pas en théorie, mais comme un homme véritable, et jamais il n'évoqua le moindre fait ou la moindre parole raciste... Et pourtant, il n'existe plus aucune statue du général Lee debout... La toute dernière

---

1. Rev. Wm Mack Lee, *History of the life of rev. Wm. Mack Lee, Body servant of general Robert E. Lee throught the civil war. Cool from 1861 to 1865*, copyrighted year 1918.

statue équestre, érigée à Richmond, l'ex-capitale des confédérés dans l'État de Virginie, a été déboulonnée le 8 septembre 2021…

La négation orwellienne de l'histoire

Robert Lee était-il un militant afro-féministe ? Organisait-il des camps « décoloniaux » interdits aux Blancs ? Avait-il revendiqué ses « privilèges » d'homme blanc hétérosexuel ? Non. Était-il raciste selon les critères actuels ? Oui – son paternalisme bienveillant le condamnerait aujourd'hui à la mort sociale, de même que Rousseau, qui n'utilisait pas l'écriture inclusive, serait taxé de sexisme. Le progrès est de toute façon toujours en avance sur son temps, le général Lee était, lui, en avance sur le sien. Il était, pour l'époque, un homme d'une grande modernité et d'une rare valeur. Comme le maréchal français de Lattre de Tassigny après lui, il était de ces militaires pour qui le devoir n'est rien sans la vertu.

Comment expliquer que cet architecte de la réconciliation soit aujourd'hui calomnié par la presse ? La raison en est simple : si Lee était un monstre, alors ceux qui osent aujourd'hui soutenir sa mémoire sont forcément le mal incarné. Or, ce raccourci s'appuie sur une négation véritablement orwellienne de l'histoire. Inspirée par le contrôle des esprits conçu par le monde communiste, la description implacable des mécanismes de formatage de la pensée par l'écrivain George Orwell s'applique parfaitement au mouvement Black Lives Matter – une stratégie des associations antiracistes d'autant plus stupide que les groupes gravitant autour du

Ku Klux Klan offrent déjà suffisamment de raisons de les critiquer sans qu'il soit nécessaire d'en créer de nouvelles.

Éradiquer tous les symboles de l'esclavage ?

On le voit ici, comme dans le cas de Thomas Jefferson et de sa compagne, Sally, dont il sera question plus bas, les relations maître-esclave aux États-Unis sont loin d'être aussi simples qu'on veut bien les décrire. Oui, il y eut des abus et des mauvais traitements, mais aussi des histoires humaines. Tout se passe comme si notre époque voulait éradiquer la moindre trace de l'esclavage et de la complexité des rapports humains. Or, c'est faire abstraction du fait que l'esclavage existe depuis la nuit des temps à travers le monde entier, et que si, aujourd'hui, les sociétés ont évolué, nier cette réalité revient à effacer nos mémoires. Quitte à éradiquer les symboles de l'esclavage, autant faire sauter tous les monuments qui ont été construits par des esclaves : le Colisée de Rome, la Kaaba à La Mecque, le Taj Mahal en Inde, les pyramides mayas, la Grande Muraille de Chine et le temple d'Angkor Vat au Cambodge…

Et que dire des œuvres de Platon, Aristote, Archimède, Marc Aurèle, Sun Tzu et Virgile ? Qui étaient leurs esclaves ? Leurs serviteurs ? Qui nettoyait leurs maisons ? C'est sûr, leurs livres, et les monuments à la mémoire de ces « oppresseurs », devraient être brûlés. Tous les vestiges de ce passé odieux devraient être rasés. Nous devrions débarrasser le monde de toutes les traces de l'esclavage, une bonne fois pour toutes…

L'histoire des confédérés noirs est sans doute le meilleur exemple de la complexité de l'histoire, car elle brouille la version officielle. Deux cent cinquante mille Noirs libres ont été recrutés en tant que soldats et des milliers d'esclaves loyaux se sont battus aux côtés de leurs maîtres, bien que la Confédération l'ait théoriquement interdit. Bien sûr, les historiens politiquement corrects refusent de voir l'importance, et même simplement l'existence, de ces confédérés noirs dans la guerre de Sécession.

Les historiens sérieux reconnaissent pourtant que tout au long de l'histoire, les sociétés pratiquant l'esclavage ont eu des esclaves armés, parfois promis à la liberté. Ils reconnaissent également qu'un petit nombre d'Afro-Américains étaient des propriétaires d'esclaves – environ trois mille sept cents, selon Loren Schweninger[1]. En réalité, la plupart des trois mille sept cents « maîtres noirs » vivaient dans ou autour de Charleston, de Natchez et de La Nouvelle-Orléans dans la décennie précédant la guerre civile. En plus de posséder des esclaves, ils ont bâti des églises, des écoles et fondé des associations de bienfaisance. Doit-on les détruire ? On n'en finirait pas...

Les documents et témoignages d'époque nous apprennent, par exemple, que trois régiments de Noirs se battaient pour la Confédération à Manassas ; tous étaient des Noirs libres...

---

1. Loren Schweninger, *Black Property Owners in the South, 1790-1915*, UI Press, 1997.

Plan numéro 3 : attaquer George Washington, propriétaire d'esclaves

On le voit, l'esclavage a laissé derrière lui une colère toujours prompte à refaire surface dans la vie publique américaine. À La Nouvelle-Orléans ou à Portland, cette colère s'est trouvé une cible bien singulière : rien de moins que George Washington (1732-1799), le Père fondateur et premier président du pays. Une des statues le représentant a été déboulonnée à Portland, Oregon, le 19 juin 2020, la veille de la fête commémorant l'abolition de l'esclavage aux États-Unis. Au cours du week-end, des manifestants ont même abattu une statue en bronze de Thomas Jefferson devant le lycée du même nom.

En 1754, George Washington possédait cent trente-sept esclaves, travaillant dans son domaine de Mount Vernon. Leur nombre augmenta par la suite. Le président Washington prit position contre l'esclavage, bien qu'il ait été partisan d'une phase transitoire durant laquelle les esclaves noirs seraient sous tutelle.

En 2018, lors d'une campagne visant à faire disparaître les noms des propriétaires d'esclaves des établissements publics, l'inspection d'académie de la ville a changé le nom de l'école primaire George Washington. Elle a été rebaptisée du nom de Charles Drew, l'un des premiers médecins noirs, connu pour avoir exigé de l'armée qu'elle cesse de pratiquer la ségrégation pour sa banque du sang. En quatre ans, vingt-deux noms ont ainsi été changés. Les frontons des écoles portent désormais le patronyme de Noirs célèbres, d'autres, celui des leaders blancs du Mouvement américain des droits civiques.

D'après Carl Galmon, dont le groupe de défense des droits civiques[1] s'est battu pour que cette politique soit mise en place, ces changements sont une source de fierté pour les jeunes Noirs de la ville. Il fait remarquer que les établissements publics de La Nouvelle-Orléans comptent quatre-vingt-treize virgule trois pour cent de Noirs parmi leurs élèves[2]. Or, sur cent vingt et une écoles, quarante-neuf portaient à l'origine le nom de personnes ayant possédé des esclaves. Pour lui, « c'est une insulte cinglante que de voir nos élèves recevoir leurs diplômes, porter l'uniforme des fanfares et chanter des hymnes en l'honneur de gens qui ont fait de nos ancêtres des esclaves ».

1. C. C. Campbell-Rock, « Activists behind chisom v. Louisiana hold reunion », *The Louisiana Weekly*, 18 novembre 2019.

2. Kevin Sack, « Blacks Strip Slaveholders' Names Off Schools », *New York Times*, 12 novembre 1997.

L'affaire Washington illustre elle aussi une vision simpliste de l'histoire. Dans les années 1790, George Washington était, en effet, nettement plus éclairé que la plupart des esclavagistes. Il désapprouvait cette pratique et, dans son testament, il a libéré tous ses esclaves, ce que Thomas Jefferson n'a pas fait, lui. Mais il pensait aussi qu'il n'était pas possible de l'abolir sans mettre la nation en danger. À l'inverse, pour Carl Galmon, quand il s'agit d'esclavage, il n'y a pas de circonstances atténuantes : « Je n'ai jamais entendu parler d'un bon propriétaire d'esclaves », affirme ce dernier[1].

1. Elizabeth Clark Neidenbach, « The Life and Legacy of Marie Couvent: Social Networks, Property Ownership, and the Making of a Free People of Color Community in New Orleans », College of William & Mary – Arts & Sciences, 2013.

Plan numéro 4 : Thomas Jefferson et l'« institution particulière »

Autre figure attestant la folie décolonialiste, celle de Thomas Jefferson, président des États-Unis de 1801 à 1809. Le 26 janvier 2021, « le conseil des écoles de San Francisco a décidé de débaptiser quarante-quatre établissements qui portent son nom ou ceux de George Washington, James Madison et même Abraham Lincoln[1] », qui a pourtant aboli l'esclavage en 1863. Pourquoi ? Parce qu'ils portent tous un nom qui n'est plus du tout en odeur de sainteté : Pères fondateurs de la République, ils sont jugés trop tolérants face à l'esclavage. Dommage que ce conseil, composé de parents d'élèves, ait fait ses recherches sur Wikipédia plutôt que de faire appel à des historiens ou de lire des livres d'histoire…

1. Corine Lesnes, « San Francisco va débaptiser un tiers de ses écoles, aux noms désormais controversés », *Le Monde*, 1er février 2021.

Le nombre d'esclaves que Jefferson possédait recula : deux cents en 1784, cent cinquante en 1794. Comme bien d'autres personnalités du XVIIIe siècle, il avait des idées paradoxales sur la question. Or, ses opinions et ses décisions ont évolué en fonction des événements et de son parcours personnel. Jefferson utilisait l'euphémisme « institution particulière » pour désigner l'esclavage. Il aurait écrit que « maintenir l'esclavage, c'est comme tenir un loup par les oreilles : on n'aime pas cela, mais on ne peut pas le lâcher[1] ».

Pourtant, lorsqu'il est député à l'assemblée de Virginie, Jefferson propose une loi interdisant l'importation d'esclaves. Les historiens ont démontré qu'il était bien le principal rédacteur de la Déclaration d'indépendance des États-Unis du 4 juillet 1776. Son texte initial évoquait le problème de la traite des Noirs et de l'esclavage. Sous la pression des représentants des régions du Sud, le texte fut amendé et la question de l'esclavage en fut supprimée. Le texte affirme que les hommes sont égaux ; pourtant les esclaves n'ont pas les mêmes droits que les Blancs.

En 1778, en pleine guerre d'Indépendance, Jefferson fait voter la suppression de la traite en Virginie. Quatre ans plus tard, il fait passer une loi facilitant l'affranchissement personnel des esclaves dans cet État. Il milite au Congrès des États-Unis en faveur de la suppression de

1. Daniel de Montplaisir, « Il y a cent cinquante ans, la guerre de Sécession prenait (difficilement) fin », *Vexilla Galliae*, 30 avril 2015.

l'esclavage. En 1782, il fait voter une loi par l'assemblée de Virginie qui permet d'affranchir les esclaves individuellement par testament.

Le thème de l'esclavage revient souvent dans son abondante correspondance : il en discute avec Condorcet, par exemple. Dans une lettre de 1796 adressée au quaker Robert Pleasants, il suggère que le gouvernement de Virginie fonde un système d'éducation publique pour les esclaves. Comme pour les Amérindiens, le père de la Déclaration d'indépendance pense que les Noirs doivent d'abord s'assimiler à la nation américaine.

« Les Noirs sont inférieurs aux Blancs quant au corps et à l'esprit »

Dans ses *Notes on Virginia*[1], Thomas Jefferson dénonce les effets néfastes de l'esclavage tout en justifiant sa nécessité par des arguments économiques et racistes. Comme les autres planteurs du Sud, il a besoin d'une main-d'œuvre servile pour cultiver ses champs de tabac. D'autre part, il ne peut se permettre d'affranchir ses esclaves, car il est fortement endetté. Il estime, en outre, que les différences entre Blancs et Noirs sont telles que la coexistence entre les deux peuples lui semble impossible. Il affirme ainsi que les Noirs sont inférieurs aux Blancs, en faisant appel au déterminisme naturel. Il écrit par exemple : « Je suis donc amené à penser, mais ce n'est là qu'un sentiment, que les Noirs, qu'ils forment une race distincte ou qu'ils aient subi une

1. Publiées pour la première en France en 1785 sous le titre *Observations sur l'État de Virginie*.

séparation due au temps et aux circonstances, sont inférieurs aux Blancs quant au corps et à l'esprit[1]. »

Thomas Jefferson avait été très choqué par l'insurrection des esclaves de Saint-Domingue dans la nuit du 22 au 23 août 1791, durant laquelle plus de mille cent civils français furent massacrés, femmes et enfants inclus ; il suggère de transporter les Noirs libres en Sierra Leone, pays africain converti par les Anglais en terre d'accueil des affranchis. À cette époque, il est convaincu que les Noirs ne peuvent pas s'assimiler et que la question de l'esclavage menace la fragile unité du nouveau pays. En 1791, Benjamin Banneker, un mathématicien et inventeur noir affranchi, envoya à Jefferson un exemplaire de son *Almanach*, afin de le convaincre des capacités intellectuelles des Noirs grâce à son travail.

La maîtresse noire de Jefferson

On le voit, Thomas Jefferson eut des positions contrastées sur l'esclavage. La manifestation la plus frappante de cette ambiguïté fut sans doute sa relation avec Sally Hemings, une ancienne esclave qui devint sa compagne et dont il eut plusieurs enfants. Sally est née vers 1773, en Virginie, d'une mère esclave, Elizabeth Hemings, et de son propriétaire, John Wayles. Elle est la benjamine de six enfants. Le planteur Wayles est aussi le père de Martha, l'épouse de Jefferson. Ce qui signifie que les enfants que Jefferson a eus avec son épouse et ceux mis au monde par sa maîtresse ont le même

1. J. William Harris, *The Making of the American South : A Short History, 1500-1877*, Wiley-Blackwell, 2006.

grand-père ! Lorsque John Wayles meurt, Thomas et Martha Jefferson héritent des dizaines d'esclaves de sa plantation, y compris la famille de Sally. Celle-ci grandit à Monticello, le nom de la plantation du Père fondateur, avec les enfants de son maître, et se lie d'amitié avec la fille aînée de celui-ci, également prénommée Martha, et dite « Patsy ». En 1784, Jefferson, alors émissaire diplomatique à la cour du roi de France à Versailles, y emmène ses filles, Patsy et Mary, mais aussi Sally et son frère aîné, James. Martha, l'épouse de Jefferson, est décédée deux ans avant ce voyage.

La famille réside à l'hôtel de Langeac, détruit depuis et situé à l'époque le long des actuels Champs-Élysées. À Paris, la relation entre Sally et Thomas Jefferson change : l'adolescente de seize ans tombe enceinte des œuvres de son maître, de trente ans son aîné. À la fin de la mission diplomatique de Thomas Jefferson en France, en 1789, elle refuse de rentrer en Virginie, craignant de redevenir une esclave. Mais Thomas Jefferson lui promet non seulement de bien la traiter, mais aussi d'émanciper leurs enfants une fois adultes. Les historiens ignorent à peu près tout de Sally, qui n'a laissé aucune trace écrite de sa vie, hormis que selon tous les témoignages elle était très belle, travailleuse et ordonnée, et de bon tempérament. De retour en Virginie, Sally est traitée affectueusement par Thomas Jefferson, qui n'aura pas d'autres relations. Un des petits-fils de Sally racontera qu'il « l'aimait tendrement ». À sa mort, elle transmettra des affaires personnelles de Thomas Jefferson à ses fils. Leur liaison aura duré trente-huit ans et donné naissance à sept enfants, dont quatre atteindront l'âge adulte. Sally mène la vie d'une esclave domestique, s'occupant des affaires de Jefferson et des enfants. Un ami de Jefferson dira d'elle qu'elle « lui tient lieu d'épouse[1] ».

SALLY « JEFFERSON » OU LA COMPLEXITÉ DES RELATIONS MAÎTRE-ESCLAVE

Le 4 mars 1801, Jefferson, élu président, prend officiellement ses fonctions. La cérémonie se déroule pour la première fois à Washington, qui devient la capitale fédérale. Un an plus tard, la relation que le chef de l'État entretient avec Sally est révélée au public par ses adversaires politiques afin de le déstabiliser. C'est un échec. Thomas Jefferson est même réélu en 1804. Sally devient alors la femme noire la plus célèbre du pays, des chansons sont composées à son sujet. À la mort de Jefferson, en 1826, Sally et ses enfants sont laissés libres de quitter Monticello, quoiqu'ils ne soient pas légalement émancipés – une telle démarche aurait irréfutablement prouvé la liaison entre Sally et le Père fondateur. Ils s'installent non loin de là, à Charlottesville, où ils apparaissent plus tard dans les recensements comme « Noirs libres ». Dans l'ensemble, leurs descendants réussiront bien matériellement, quelle que soit la communauté dans laquelle ils choisiront de vivre, blanche ou noire.

Cette histoire, qui mérite d'être étudiée pour ce qu'elle nous apprend de l'esclavage, des esclaves eux-mêmes, des relations raciales aux États-Unis et des Pères

1. « Brief Biography of Thomas Jefferson », Monticello.org.

fondateurs, a été tour à tour révélée puis oubliée, voire niée. Faut-il exposer cette liaison au grand jour ou la ranger dans un coin de l'histoire du pays ?

Chez les historiens, le fait que Thomas Jefferson et Sally aient pu avoir une longue liaison et des enfants est reconnu. Pour les admirateurs des Pères fondateur, et de Jefferson en particulier, elle reste une affaire délicate. L'histoire de Sally Hemings offre un exemple fascinant de la manière dont les esclaves, et les femmes esclaves en particulier, ont été traités dans l'histoire américaine. En effet, si l'esclavage a fait l'objet de nombreuses recherches historiques depuis son abolition, l'esclave a quant à lui rarement été abordé comme un véritable sujet. Jusqu'à la dernière partie du XXe siècle, les rares historiens qui se sont intéressés à sa personne en dressaient un portrait non seulement généralement raciste, mais extrêmement simpliste. Les perspectives des historiens, malgré certaines divergences, se rejoignaient cependant dans leur manière de présenter l'esclave comme un simple objet. Ce n'est qu'à partir des années 1970 que des représentations plus approfondies et nuancées de l'esclave émergèrent, montrant cette complexité des relations maître-esclave.

Le mouvement woke dans les universités américaines

Les mouvements étudiants sont souvent à l'origine des contestations sociales. Ces dernières années, aux États-Unis, le mouvement woke, par ses revendications antiracistes, a réussi à faire déboulonner les statues des héros américains. Récemment, des polémiques véhémentes ont été déclenchées autour de débats qui semblent de plus en plus surréalistes pour l'observateur étranger. Est-il nécessaire que les universités publient des règlements officiels recommandant aux jeunes de ne plus se déguiser en Indiens pour Halloween ? Se déguiser en mariachi mexicain quand on est blanc est-il une forme d'appropriation culturelle raciste ? Les fêtes avec des Blancs qui imitent les rappeurs sont-elles racistes et insultantes ? En prétendant œuvrer pour l'égalitarisme, ce nouveau militantisme fait en réalité preuve d'intolérance et représente une menace pour la liberté d'expression. Pour ses défenseurs, il est le fait d'étudiants marginalisés, souvent issus de minorités ethniques, qui se sentent exclus, et dont le combat pour se faire entendre est un prolongement du militantisme de Black Lives Matter. Il n'en est rien en réalité : toutes les origines ethniques et toutes les catégories sociales sont représentées dans le mouvement woke.

Dans la prestigieuse université Yale, l'indignation est partie d'un mail critiquant la politique de l'université en matière de déguisements pour Halloween. Afin de prévenir tout incident, l'administration envoie chaque année un courriel recommandant aux étudiants de faire attention au choix de leur costume pour éviter les cas d'« appropriation culturelle » qui pourraient se révéler insultants. À l'université Duke, la campagne contre ce genre de faux pas avait pour slogan : « Nos cultures ne sont pas des déguisements. »

Il s'agissait surtout d'éviter le *blackface*, le fait pour des Blancs de se grimer en Noirs, une pratique liée à une tradition raciste aux États-Unis. Une des présentatrices les plus célèbres de la télévision aux États-Unis, Megyn Kelly, a perdu son émission sur NBC pour s'être demandé si la pratique du «blackface» était systématiquement problématique.

Interdiction aux Blancs de se déguiser en Pocahontas

Le doute, le questionnement ne sont plus permis ! Désormais la Cancel culture ne se limite pas à gommer des idées, elle vise surtout à persécuter les universitaires qui lui résistent. Le doute, le questionnement ne sont plus permis. Dernièrement, le 22 novembre 2022, Jordan Peterson professeur émérite de l'Université de Toronto a été condamné à suivre un programme de formation continue pour maîtriser l'usage public des réseaux sociaux sous peine de perdre la licence lui permettant d'exercer. Ses fautes : des prises de positions publiques sur les réseaux sociaux qui ont heurté la sensibilité de certains internautes. Il est, par exemple, reproché à Peterson de ne pas vouloir utiliser les pronoms choisis par les personnes transgenres. La chercheuse Erika Christakis, qui enseignait la psychologie à Yale, a démissionné en 2016 à la suite des plaintes des étudiants déclenchées par l'une de ses prises de position. Elle expliquait simplement qu'en tant que spécialiste de la jeunesse, elle ne trouvait rien de choquant à ce que des enfants blancs veuillent se déguiser en Pocahontas, en Aladin ou en Mulan… Dans l'université du Colorado des affiches sont distribuées sur le campus pour sensibiliser les étudiants sur l'importance de ne pas caricaturer les minorités, même lorsqu'il s'agit de porter des costumes à priori inoffensifs. En faisant pression sur les employeurs ou la hiérarchie de leurs cibles, ces petits Fouquier-Tinville de l'ordre « woke » souhaitent ainsi faire comprendre au reste de la société que défendre certaines opinions peut coûter socialement très cher (perte d'emploi, isolement...).

Dans le *New York Times* du 27 novembre 2015, le professeur de droit de Harvard Randall Kennedy, qui est afro-américain, expliquait que ces militants antiracistes font preuve, selon lui, d'une « vulnérabilité excessive[1] », et qu'ils desservent leur cause « en cultivant un complexe de persécution exagéré[2] ». Il met le doigt sur une question essentielle : en s'indignant à outrance et en qualifiant de « racistes » un nombre toujours croissant de phénomènes, les militants risquent de vider le mot de son sens et de nuire aux luttes qu'ils défendent.

Une pathologie collective suicidaire

Les antiracistes actuels se prétendent héritiers de la lutte pour les droits civiques des années 1960 aux États-Unis, qui visait en effet à combattre des situations réelles et à abolir les lois organisant la ségrégation raciale. Une fois l'égalité des droits acquise, la discrimination

1. Randall Kennedy, « Black Tape at Harvard Law », *New York Times*, 27 novembre 2015.
2. Claire Levenson, « Dans les universités américaines, le combat antiraciste vire à la censure », *Slate*, 18 décembre 2015.

positive fut mise en œuvre, source d'effets pervers qui ont justifié sa profonde remise en cause, y compris par le président Obama lui-même. Mais aujourd'hui, ce n'est pas assez : il faut suivre l'extrémisme de Malcolm X plutôt que la sagesse de Martin Luther King. Il faut que les Blancs réparent les vieilles humiliations en payant des réparations, et cela sur plusieurs générations. Seuls les Blancs adeptes de l'autoflagellation peuvent désormais espérer échapper à l'opprobre du racialement correct. Combien de temps pour que cette haine de soi apparaisse enfin pour ce qu'elle est : une pathologie collective suicidaire ? À suivre…

Troisième partie
L'offensive en Europe

Plan numéro 1 : en Grande-Bretagne, viser la reine Victoria, Winston Churchill et l'amiral Nelson

Nos voisins anglais ne sont pas en reste. Le week-end des 6 et 7 juin 2020, de nombreuses statues ont été vandalisées sur leur sol, dont celle de sir Winston Churchill à Londres. Cent soixante personnages historiques, parmi lesquels l'amiral Nelson, les navigateurs Francis Drake et James Cook, l'explorateur Henry Morton Stanley et la reine Victoria sont accusés d'avoir été des « suprémacistes blancs ».

À l'occasion du soixante-seizième anniversaire du débarquement en Normandie, le 6 juin 2020, sur la place du Parlement, à Londres, la statue de Churchill, l'homme le plus populaire de Grande-Bretagne, a été souillée de l'inscription « était un raciste » par les activistes de Black Lives Matter. Des graffitis vert fluo « ACAB », signifiant *All Cops Are Bastards*[1], ont été ajoutés sur le piédestal. Le 13 juin, des heurts violents se produisirent à nouveau au pied de la statue protégée cette fois par la police.

Que reproche-t-on à l'ancien Premier ministre ? D'avoir tenu des propos injurieux envers les Chinois ou les Indiens, et de ne pas avoir empêché une famine en Inde qui aurait tué trois millions de personnes.

Quelle régression ! Winston Churchill est l'homme qui a guidé la nation britannique à travers les heures les plus sombres de son histoire. Il a été longtemps reconnu comme l'un des plus grands Britanniques de tous les temps : le pays lui doit sa liberté pour avoir vaincu Hitler et le nazisme. Le Vieux Lion avait, il est vrai, son franc-parler et employait souvent des expressions très imagées. Profondément réaliste et pragmatique, il pensait d'ailleurs que la guerre était la norme de l'humanité, la paix passant à ses yeux pour une aberration. Par ailleurs, l'ancien Premier ministre ne supportait pas la langue de bois, ni aucun jargon, ni le langage technocratique. Par exemple, il s'opposait à ce qu'on remplace dans ses discours certaines formules susceptibles de froisser certains auditeurs, comme « pauvres » par « économiquement faibles ».

Le 9 juin 2020, le mémorial en hommage à la reine Victoria, à Leeds, est vandalisé. La figure de l'arrière-arrière-grand-mère de la reine Elizabeth II est taguée d'insultes comme « raciste », « meurtrière », « propriétaire

1. « Tous les flics sont des bâtards ».

d'esclaves». La souveraine a considérablement marqué l'histoire du Royaume-Uni et du Commonwealth. La section britannique de Black Lives Matter exige le déboulonnage des symboles de l'ère victorienne, jugée raciste et esclavagiste, bien que l'esclavage ait été aboli dans l'Empire britannique quatre ans avant l'accession au trône de Victoria... Le 26 juillet 1833, à Londres, la Chambre des communes avait voté la loi pour l'abolition de l'esclavage dans toutes les colonies britanniques. Comme nous l'avons dit, le Royaume-Uni fait partie, avec le Danemark et la France, des premières nations du monde à l'avoir fait. Le mouvement abolitionniste s'y était cristallisé à la fin du XVIIIe siècle et, en 1807, le Parlement britannique avait décrété l'interdiction de la traite des Noirs. Enfin, le Royaume-Uni a usé de son influence pour inciter les autres puissances étrangères à adopter cette politique.

Reprocher à la reine Victoria d'avoir institutionnalisé un racisme d'État révèle donc encore une fois le niveau d'ignorance du mouvement Black Lives Matter. La reine est intervenue directement dans la libération de la princesse africaine Sara Forbes Bonetta, vendue comme esclave, et est devenue sa marraine. Elle était très proche de son *munshi* «commis», Mohammed Abdul Karim. Les décoloniaux enragent de voir les Britanniques heureux de célébrer leur grande histoire et de prendre du plaisir dans l'étude de leur prestigieux passé.

De dangereux suprémacistes blancs

Un des plus grands héros britanniques, l'amiral Nelson, est lui aussi visé. Il est soupçonné d'être un « suprémaciste blanc ». La vue de sa statue, trônant au milieu de Trafalgar Square, devient insupportable pour les militants de Black Lives Mater. Elle doit tomber, car on lui reproche d'avoir soutenu l'esclavage.

Le 16 novembre 2020, sa statue est vandalisée à la Barbade, puis déboulonnée. Le journal *The Guardian* avait publié en 2017 une tribune signée par la journaliste Afua Hirsch, exigeant que disparaisse le monument de Trafalgar Square : « Alors que beaucoup dénonçaient l'esclavage, Nelson le défendait vigoureusement, écrit-elle, usant de son siège à la Chambre des lords ». Depuis 1843, son monument domine du haut de ses cinquante et un mètres la plus célèbre des places londoniennes. Le nom de ce grand marin a été inscrit par les décoloniaux sur la liste des prochaines statues à abattre, intitulée « Renverser les racistes », nom qui ne laisse guère de doute sur leur objectif. « Démonter les statues et monuments au Royaume-Uni qui célèbrent l'esclavage et le racisme afin que la Grande-Bretagne puisse enfin faire face à la vérité sur son passé et sur la manière dont ce passé modèle le futur » : ses auteurs rappellent ainsi que l'amiral Nelson, ardent adversaire du Français Napoléon Bonaparte, n'était pas partisan de l'abolition de l'esclavage.

Le cas de l'armateur Edward Colston paraît encore plus indéfendable. Ce célèbre marchand (1636-1721) a vendu près de quatre-vingt quatre mille esclaves d'Afrique de l'Ouest dans les Caraïbes et aux Amériques et a ainsi amassé une immense fortune. Le 7 juin 2020, dix mille militants de BLM, mais aussi de simples citoyens, ont défilé dans les rues de Bristol avant de déboulonner sa statue, de la traîner à travers la cité portuaire avant de la jeter, couverte de peinture rouge, dans la rivière Avon, au son des cris de joie. « Cet homme était un négrier. Il a été généreux envers Bristol, mais c'était sur le dos de l'esclavagisme, et c'est absolument abject. C'est une insulte envers les citoyens de Bristol », a déclaré un militant[1]. Edward Colston a en effet consacré une partie de sa fortune au développement de Bristol et au financement de bonnes œuvres, ce qui lui a longtemps valu une réputation de philanthrope, comme à beaucoup d'autres.

La statue de Cecil Rhodes doit tomber

L'explorateur Cecil Rhodes, fondateur de la Rhodésie, est peut-être le philanthrope le plus connu d'Angleterre. Ironie de l'histoire, Ntokozo Qwabe, créateur de la campagne « La statue de Rhodes doit tomber à Oxford », fait partie des plus de huit mille étrangers qui ont pu étudier à Oxford grâce à une bourse payée par la fondation Rhodes Trust que Cecil Rhodes a fondée par testament. Chaque année, cette bourse finance l'éducation d'une douzaine d'étudiants africains à la prestigieuse université. Son chancelier a d'ailleurs dénoncé l'« hypocrisie »

1. « Royaume-Uni : des manifestants contre le racisme déboulonnent la statue d'un marchand d'esclaves à Bristol », France Info, 8 juin 2020.

à l'œuvre dans les manifestations pour le retrait de la statue.

Après une campagne Rhodes Must Fall[1] agitée, sa statue a été bannie de tous les lieux publics. Quelque deux mille trois cents étudiants de l'université d'Oxford ont signé la pétition appelant à la faire tomber. Selon les signataires, cette figure du colonialisme britannique «va à l'encontre de la culture d'intégration» soutenue par la célèbre université.

Oxford se plaça à la pointe de ce combat, et le 17 juin 2020, la direction annonçait le retrait de la statue et son placement au fond d'un musée. Depuis, les militants étudiants exigent une totale «décolonisation» de l'enseignement universitaire. Leur revendication a été une fois de plus satisfaite, puisque les étudiants en histoire ont désormais droit à des sujets «non britanniques ou non européens» lors des examens.

Ces revendications font, bien sûr, écho au mouvement Rhodes must fall qui avait agité l'université du Cap, en Afrique du Sud, au printemps 2015. La statue avait finalement été déboulonnée le 9 avril. Dans une tribune publiée dans le *Times* de Londres, l'ancien président sud-africain Frederik De Klerk a «regretté» que le mouvement Rhodes must fall rencontre un si grand écho en Grande-Bretagne. S'il rappelle que Cecil Rhodes a été à l'origine de la sanglante guerre des Boers, Frederik De Klerk estime pourtant que le rôle immense

1. «Rhodes doit tomber».

du colon britannique ne pouvait être effacé de l'histoire « au nom du politiquement correct ».

Ce texte, très critique envers le mouvement sud-africain Rhodes must fall, qualifié de « stupidité », a créé la polémique en Afrique du Sud. Le parti EFF (*Economic Freedom Fighters*[1]) de Julius Malema a notamment réagi, estimant que « Frederik De Klerk n'aurait jamais dû partager un prix Nobel de la paix avec Nelson Mandela » vu les propos qu'il tenait aujourd'hui. « L'université d'Oxford ne devrait pas écouter Frederik De Klerk, dont l'ambition est de devenir une statue lui-même », a tweeté le porte-parole du parti d'extrême gauche sud-africain dirigé par Malema[2].

Mark Prisk, député conservateur britannique de la circonscription où est né Cecil Rhodes, a déclaré : « C'est une vue plutôt étroite que d'essayer d'empêcher les gens d'exprimer leurs opinions ; même si nous trouvons ces opinions odieuses, cela ne supprimera pas le fait qu'elles ont existé ou que des gens les ont tenues[3]. »

Pour ne vexer personne, la BBC s'autocensure…

Récemment, c'est la BBC qui s'est illustrée en la matière. En effet, la célèbre radio publique anglaise a décidé de remplacer l'expression « avant Jésus-Christ » par « avant ou après l'ère commune » pour ne choquer personne. Du politiquement correct qui fait polémique.

1. Les Combattants pour la liberté économique.
2. « Nouvelle polémique autour d'un colon britannique », RFI, 28 décembre 2015.
3. Javier Espinoza, « Politically correct universities "are killing free speech" », *The Telegraph*, 18 décembre 2015.

Faut-il se censurer pour ne choquer ni vexer personne ? La radio, se définissant comme impartiale, ne veut pas courir le risque d'utiliser des « termes offensant ou excluant les non-chrétiens » et de se voir taxée de « communautariste ». Mais où se situe la limite ?

Autres exemples en la matière en Grande-Bretagne : dans le cadre de la lutte contre le racisme et les préjugés, les antiracistes veulent désormais interdire le papier blanc dans les écoles, teindre les habits de sorcière en rose au lieu du noir, ou encore les tenues de princesse dans une couleur plus foncée. Bref, casser les codes pour permettre aux enfants de deux ans de lutter contre les préjugés raciaux de la société.

Depuis septembre 2016, les collégiens de quatorze à seize ans peuvent suivre un cours d'histoire intitulé « Migration vers la Grande-Bretagne de 1000 à 2010 ». Le cours explique ainsi que des Africains occupaient l'île avant les Anglo-Saxons. Une assertion qui a suscité de nombreuses réactions parmi la communauté académique, qui qualifie d'« endoctrinement » et de « politiquement incorrect » ce nouveau programme. En effet, le cours se réfère à une légion romaine, composée de cinq cents soldats maures, qui stationnait au pied du mur d'Hadrien, marquant la frontière avec l'Écosse au IIe siècle apr. J.-C. Cependant, les historiens estiment qu'aucune preuve n'atteste une présence durable.

« Cela semble relever plutôt de l'endoctrinement que de l'éducation », affirme le professeur Alan Smithers de l'université de Buckingham, par ailleurs conseiller du Comité d'éducation. De son côté, l'historien Roy Strong déplore « que nos enfants aient à apprendre quelque chose qui est clairement conçu pour alimenter des problèmes contemporains au lieu d'apprendre correctement l'histoire de notre île[1, 2] ».

Cancel culture sur les campus britanniques

Dans une lettre publiée par *The Telegraph*, les professeurs de l'université de Canterbury et Joanna Williams, rédactrice de la rubrique formation à *Spiked*, protestent contre une liste « croissante et de plus en plus longue » d'effigies, de statues et d'objets interdits sur les campus britanniques, en même temps que certaines chansons pop ou, par exemple, les sombreros mexicains. Le phénomène leur paraît « très inquiétant », car il réduit la liberté d'expression « comme jamais auparavant » puisque rien, ou presque, ne se trouve à l'abri de la censure des étudiants. Comme les universités ont de plus en plus pour clients des étudiants qui paient leurs études, elles n'osent pas s'opposer à la « petite mais bruyante minorité » des activistes qui veulent tout interdire. La lettre dit : « Une société ouverte et démocratique exige que les gens aient le courage de débattre d'idées avec lesquelles ils sont en désaccord ou même qu'ils estiment offensantes. À l'heure actuelle, il existe un risque réel que les étudiants n'aient pas la possibilité de participer à de tels débats. [...] Toute une génération d'étudiants se voit refuser la possibilité de confronter ses opinions à

1. Roy Strong, *The Story of Britain. A History of the Great Ages : From the Romans to the Present*, Pegasus Books, 2020.
2. « Grande-Bretagne : les nouveaux programmes d'histoire font polémique », *Valeurs Actuelles*, 15 janvier 2016.

celles des étudiants avec lesquels elle n'est pas d'accord».

Les universitaires pressent les vice-chanceliers de prendre une «position beaucoup plus ferme» contre toutes les formes de censure, et concluent : «Les étudiants qui se sentent offensés par des opinions opposées ne sont peut-être pas tout à fait prêts à entrer à l'université.» On aimerait voir des prises de position aussi fermes dans les universités américaines, ce qui est de moins en moins le cas.

Pour autant, l'acharnement des épurateurs postcolonialistes rejoint la bêtise des étudiants, membres de la School of Oriental and African Studies (SOAS) de l'université de Londres, qui ont récemment voulu limiter l'étude des philosophes blancs : Aristote, Voltaire, Montesquieu et Kant. On est bien évidemment en présence d'un aveuglement totalitaire de la pensée qui, sous couvert de progrès, rejoint les archaïsmes les plus profonds – on songe, par exemple, à l'index des livres interdits par les nazis. On se dit que ces propos sont le fait d'une poignée d'étudiants illuminés, mais, même en France, on constate de telles dérives, encouragées par certains hommes politiques, ce qui est encore plus grave. L'opportunisme idéologique gagne partout du terrain...

Plan numéro 2 : quand Léopold II, roi des Belges, s'appropriait le Congo…

Statues taguées, bustes déboulonnés : Léopold II (1865-1909) représente pour les décoloniaux du mouvement Black Lives Matter et l'idéologie woke l'exemple type des excès du colonialisme blanc. Cible privilégiée des activistes belges pour son rôle dans les violences qui ont marqué la première colonisation du Congo, le roi des Belges, propriétaire à titre personnel de l'État indépendant du Congo (EIC), symbolise la force brutale de l'exploitation des ressources et de la population au profit de la métropole.

Connu pour l'intérêt qu'il porte au continent africain, Léopold se voit attribuer, en 1885, l'immense territoire du Congo par le congrès de Berlin, qui divise l'Afrique entre puissances européennes. Il en devient le propriétaire à titre privé, l'État belge n'étant d'abord pas intéressé

(Léopold II lui cédera l'EIC en 1908, un an avant sa mort).

Des statues dans le viseur décolonial

Deux statues de l'ancien roi des Belges ont notamment été déboulonnées dernièrement. La première le 9 juin 2020 sur décision des autorités locales d'Anvers ; cet acte a pour conséquence de lancer en Belgique le débat sur la « décolonisation de l'espace public », afin de savoir si l'ancien monarque mérite les hommages qui lui sont rendus. La seconde a été déboulonnée dans la ville d'Auderghem, le 12 juin 2020.

À Bruxelles, la célèbre statue équestre de la place du Trône, créée par le sculpteur Thomas Vinçotte en 1914, et finalisée en 1926 par François Malfait, suscite plus que jamais la polémique. Une pétition réunissant trente-huit mille signatures réclame son déplacement. Durant la première semaine de juin 2020, la statue est taguée de l'inscription (en anglais) : « Cet homme a tué 15 millions de personnes ». Dans un rapport de 2022, des historiens, architectes et autres spécialistes mandatés ont proposé de fondre la statue et d'utiliser le bronze pour bâtir un « mémorial commémorant les victimes de la colonisation »[1].

Paradoxalement, rien de similaire n'est constaté à Kinshasa, où les statues de Léopold II, de son successeur, Albert Ier, de Henry Stanley ou d'autres représen-

1. Rapport du 17 février 2022 sur la « décolonisation de l'espace public en Région de Bruxelles-Capitale : cadre de réflexion et recommandations » par une commission indépendante composée de quatorze experts et d'observateurs.

tants du pouvoir colonial trônent paisiblement dans le parc présidentiel de la capitale congolaise, converti en musée national. Depuis l'indépendance, celles-ci y ont trouvé un refuge paradisiaque : ainsi, la statue équestre de Léopold II, jumelle de celle de la place du Trône, surmonte maintenant le fleuve Congo depuis les collines du mont Ngaliema. « La statue de Léopold II, pour nous, ça reflète une histoire, une mémoire. C'est une référence pour nos enfants », déclare José Batekele, directeur de collection au musée national de Kinshasa[1].

Léopold II, l'exemple type du « génocidaire européen » ?

Souverain pendant quarante-quatre ans, le roi ne s'est jamais rendu au Congo. Il y investit pratiquement toute sa fortune personnelle et devient l'actionnaire principal de ses sociétés. Dès lors, Léopold II se lance dans des expéditions punitives contre les indigènes qui refusent son autorité. Mettant sur pied une exploitation commerciale des ressources d'ivoire et de caoutchouc, le souverain serait selon les militants de Black Lives Matter à l'origine de la mort de près de dix millions d'Africains.

Les historiens spécialisés Jean-Luc Vellut, David Van Reybrouck, Barbara Emerson, Étienne Van de Walle, Aline Désesquelles et Jacques Houdaille affirment qu'il n'est pas possible de chiffrer précisément les effets démographiques de cette politique, ni d'en attribuer clairement la responsabilité à Léopold II. Ces décès seraient

1. « Statues déboulonnées : et pendant ce temps-là, à Kinshasa », *Le Point*, « Le Point Afrique », 12 juin 2020.

dus plutôt à une combinaison de facteurs (famine, pandémie de variole, maladie du sommeil et baisse du taux de natalité) et se situeraient en deçà d'un million d'habitants, ce qui est déjà énorme. Les historiens insistent notamment sur le fait qu'il n'y avait en tout que cent soixante-quinze agents administratifs responsables de l'exploitation du caoutchouc de 1885 à 1908. Il est difficile de soutenir sérieusement qu'un génocide de dix millions de personnes ait pu être perpétré par les cent soixante-quinze agents de Léopold II...

Dans ce débat, l'« abus de mémoire », c'est-à-dire une sélection de certains éléments du passé à des fins militantes, est évident. Sans prendre la défense du roi des Belges, l'historien Pierre-Luc Plasman, auteur d'une thèse de doctorat sur la question[1], rappelle que « Léopold II n'est pas Hitler. Il y a eu des violences de masse mais pas de génocide ». La diminution d'une population n'est pas un critère suffisant pour affirmer qu'il y a eu un génocide. La définition qu'en donne l'ONU dans sa Convention de 1948, confirmée par le statut de Rome de la Cour pénale internationale en 1998, insiste sur la volonté de détruire en tout ou partie ou d'exterminer une population civile. Or, la volonté d'anéantir une population n'est historiquement pas démontrée. Par ailleurs, d'autres facteurs à côté des violences et des massacres ont joué un rôle de premier plan, notamment les épidémies.

1. Pierre-Luc Plasman, *Léopold II, potentat congolais. L'action royale face à la violence coloniale*, Racine, 2017.

L'image des mains coupées, en particulier, est très présente dans l'histoire coloniale belge. C'est en fait un châtiment pratiqué par les esclavagistes arabes : quand un esclave tentait de s'enfuir, on lui coupait une main pour l'exemple. L'administration coloniale a organisé un système répressif et sauvage pour faire travailler les populations autochtones basé sur cette pratique : si les villages ne livraient pas la quantité de caoutchouc dont on avait besoin, on coupait la main à des hommes adultes.

Cependant, quand Léopold II et la haute administration apprirent en 1904, soit près de vingt ans après le début de tels crimes, l'ampleur des châtiments, ils essayèrent d'en limiter la dureté. Las, il était trop tard, le mal était fait. Les témoignages affluaient de toutes parts. L'explorateur français Pierre Savorgnan de Brazza, administrateur du Congo français voisin, fut choqué par les mauvais traitements infligés aux indigènes du Congo belge et alerta le gouvernement français. L'indignation fut aussi relayée par des personnalités comme Mark Twain, Arthur Conan Doyle ou Joseph Conrad. À la suite de l'accablant rapport Roger Casement de 1904, une commission d'enquête sur les crimes commis au Congo fut diligentée, à l'issue de laquelle ce dernier devint officiellement une colonie de l'État belge.

Une des explications de ces exactions est que Léopold II voulait rembourser ses considérables investissements par l'exploitation des richesses de son domaine. Actionnaire majoritaire, il gérait le Congo comme une société privée, et les banques refusaient de lui accorder de nouveaux crédits.

Malgré ces actes déplorables que l'on peut reprocher, dont le souverain belge est responsable, on ne peut nier que Léopold II finança aussi l'installation de missionnaires qui reçurent l'ordre d'établir au Congo des écoles, des dispensaires, des lieux de culte. Le roi est à l'origine de la physionomie du Bruxelles moderne avec les serres de Laeken, les Arcades du Cinquantenaire ou le musée d'Afrique centrale à Tervuren. Il fit édifier quantité d'autres édifices remarquables : le barrage de la Gileppe, les ascenseurs hydrauliques du canal du Centre, le canal reliant Bruges à la mer du Nord. Enfin, Léopold II, sans doute habité par le désir d'éradiquer l'esclavage d'Afrique, organisa à Bruxelles en 1889 la Conférence antiesclavagiste qui aboutit à la signature de la convention de Bruxelles le 2 juillet 1890 par dix-sept États. Ce qui est certain avec Léopold II, c'est que nous sommes loin de la gestion désintéressée d'un Faidherbe au Sénégal ou de l'humanisme d'un Savorgnan de Brazza au Congo voisin.

Plan numéro 3 : en Allemagne, mettre les héros et les bourreaux dans le même sac

DES LISTES QUI RAPPELLENT LES PIRES HEURES DE L'HISTOIRE DE L'HUMANITÉ

En juin 2020, le mouvement Black Lives Matter frappa l'Allemagne de plein fouet, avec plusieurs statues taguées et surtout de très nombreuses places ou rues débaptisées, notamment à Berlin. Dans un pays confronté depuis soixante-dix-sept ans à son passé nazi, faire face à son histoire coloniale devient une obsession. Le débat se concentre aujourd'hui sur l'attitude à adopter face aux traces du passé, comme les noms de rues critiqués par une minorité de l'opinion publique. Commissions d'historiens ou d'élus des quartiers se multiplient pour établir des listes de noms qui jettent l'anathème sur tel ou tel grand homme. Richard Wagner,

Goethe, Otto von Bismarck, Martin Luther, Jean Calvin, Richard Strauss, les frères Grimm, tous sont déclarés coupables d'antisémitisme. Quid de leur apport au rayonnement de l'immense culture allemande aux quatre coins du monde ? Après Munich, c'est au tour de Berlin de s'attaquer à ces personnages historiques, avec pour chacun un dossier digne de l'Inquisition espagnole. Ils sont devenus aujourd'hui les parias d'une société qui brûle tout ce qu'elle a adoré et qui adore tout ce qu'elle a détesté. Dresser de telles listes rappelle les pires heures de l'histoire de l'humanité, et en particulier celles du nazisme…

Le mémorial d'Otto von Bismarck, l'homme qui fut longtemps le personnage préféré des Allemands, a été dégradé mi-juillet 2020, au cœur du parc Tiergarten, à Berlin. Le père de l'unification allemande fut aussi l'organisateur de la conférence de Berlin, en 1885, durant laquelle le continent africain fut partagé entre les puissances européennes. Au pied de son socle, des tags appellent à « décoloniser » la ville et à en finir avec « ces monuments racistes ». Mi-juin 2020, sa statue de Hambourg avait déjà été maculée de peinture rouge.

Dans cette même liste, on trouve aussi Richard Wagner, l'un des plus grands musiciens de tous les temps. À plus d'un titre, le compositeur allemand a révolutionné la musique. Il a donné son nom à une rue et une place de la capitale allemande, auxquelles s'ajoutent les rues Tannhäuser, Walküre, Lohengrin, etc., noms tirés de ses opéras. Son influence *post mortem* dans la construction de l'idéologie aryenne et son ascendant artistique sur le Troisième Reich sont bien connus. Mais s'interroger sur sa responsabilité personnelle, alors qu'il mourut en 1883, soit cinquante ans avant l'arrivée au pouvoir d'Hitler, c'est encore une fois commettre un anachronisme pur et dur. Comment tant d'historiens et d'universitaires allemands peuvent-ils se fourvoyer en cautionnant une telle entreprise ?

Les municipalités de Berlin, de Munich, en Allemagne, et de Salzbourg, en Autriche, ont publié ces listes comprenant trois cents noms, parmi lesquels on retrouve aussi Richard Strauss ou les théologiens Martin Luther et Jean Calvin, à l'origine du protestantisme. Les rapports municipaux recommandent purement et simplement de débaptiser tous les lieux portant leur nom.

La présence d'autres personnages dans cette liste peut surprendre : Charles de Gaulle, Voltaire ou Pierre de Coubertin sont aussi visés... L'avenue baptisée en l'honneur du Général, qui aurait eu une position antisémite pendant la guerre des Six-Jours, ou encore la place au nom du baron Pierre de Coubertin, dont la pensée olympique aurait véhiculé « une idée nationaliste censée être antisémite et conservatrice » et qui est soupçonné de sympathies envers Hitler, se retrouvent sur la sellette. D'autres personnalités, tel Herbert von Karajan, ont eu des liens avérés avec le régime nazi. Le célèbre chef d'orchestre, qui a donné son nom à de nombreuses rues ou places, a toujours reconnu son implication avec le régime nazi, dictée non pas par ses convictions mais par ses ambitions professionnelles : sa soumission lui permit de faire ses débuts au Philharmonique de Berlin. Ce qui n'empêchera pas Herbert von Karajan d'épouser Anita

Gütermann, qui était elle-même à moitié juive. Son producteur aussi était juif. Ils entamèrent ensemble l'une des plus prodigieuses collaborations de l'histoire de la musique en réalisant des enregistrements exceptionnels, devenus historiques. Examiner tout propos, tout acte comme supposément antisémite, c'est pratiquer une véritable chasse aux sorcières, c'est refuser la complexité du réel et de la nature humaine.

Baptiser les rues du nom de reines africaines

Depuis 2016, la mairie du quartier berlinois de Wedding, surnommé «le quartier africain de Berlin», tente de débaptiser plusieurs rues portant les noms de protagonistes de la colonisation allemande en Afrique. Ce qui est choquant dans cette volonté de débaptiser les rues de Berlin est le fait qu'au milieu des noms de criminels de la guerre contre le peuple des Hereros, en Namibie, se trouvent des noms d'authentiques explorateurs comme le docteur Gustav Nachtigal, aventurier, humaniste et envoyé spécial en Afrique par Otto von Bismark. Ses négociation ont permis en 1884 l'annexion du Cameroun et du Togo à l'Allemagne. Médecin, Gustav Nachtigal est loin d'avoir laissé un mauvais souvenir au Togo pour qui connaît encore ses nombreuses réalisations, comme ses dispensaires. En outre, il fut le premier Européen à visiter le Tibesti, le Borkou, l'Ouaddaï et en rapporta de précieuses données topographiques et ethnographiques. Il fut nommé consul général d'Allemagne à Tunis. La mémoire de Gustav Nachtigal a été honorée par ses compatriotes qui lui ont élevé des monuments, à la fois au Cameroun et à Stendal, en Saxe-Anhalt, son Land natal. Mais aujourd'hui, toute son œuvre est remise en question.

Le mouvement se poursuivant, deux autres axes de la capitale allemande étaient en passe d'être débaptisés en février 2017. Il s'agit de la Petersallee, en hommage à Carl Peters, le fondateur de l'Afrique allemande de l'Est, l'actuelle Tanzanie, et de la rue Lüderitz, du nom d'Adolf Lüderitz, fondateur de l'Afrique allemande du Sud-Ouest. D'autres villes, comme Hanovre, Bochum ou Cologne, ont déjà renommé leurs rues. À leur place, les plaques porteront les noms de ceux qui ont combattu contre l'occupation coloniale allemande : Rudolf Manga Bell, héros de l'indépendance camerounaise; Anna Mungunda, femme du peuple herero et résistante aux Allemands; Cornelius Fredericks, chef des Namas; ou encore Maji-Maji, nom du soulèvement de tribus d'Afrique orientale contre les autorités coloniales allemandes (1905-1907).

La question demeure : pourquoi donner des noms de personnalités africaines à des rues allemandes qui n'ont aucun lien avec l'histoire du pays, si ce n'est par volonté explicite d'expier ainsi les crimes du passé ? N'est-il pas étrange, ou pour le moins insolite, qu'une place du Grand Berlin porte le nom de la reine ghanéenne Yaa Asantewaa, qui n'a jamais mis les pieds en Allemagne ni même jamais évoqué la capitale allemande ? Encore une fois, elle ne relève pas de l'histoire germanique… Toutefois, à Berlin, la résistance s'est organisée. Les essais pour rebaptiser la Lüderitzstrasse et la Petersallee ont échoué du fait de plusieurs recours déposés par une majorité de leurs habitants mobilisés.

Le génocide de la tribu herero

En juillet 2015, le président du Bundestag, Norbert Lammert, a reconnu le caractère génocidaire des massacres de 1904 à 1908 contre les tribus Hereros et Namas, dans l'actuelle Namibie. Depuis, Berlin négocie avec ce pays une déclaration commune dans laquelle le gouvernement allemand souhaite présenter ses excuses. C'est un travail de mémoire complexe, Berlin refusant de dédommager officiellement les descendants des victimes. En mai 2021, l'Allemagne reconnut avoir commis un génocide en Namibie à l'époque coloniale et promit une aide au développement de plus d'un milliard et cent millions d'euros, mais à condition que cela n'ouvre la voie à aucune demande légale d'indemnisation.

Les violences perpétrées lors de la colonisation allemande se distinguent de celles des autres nations dans la mesure où, en 1904, un ordre d'extermination officiel et explicite a été donné par l'Empire allemand contre des sujets qu'il était supposé protéger. De 1904 à 1907, quatre-vingts pour cent des populations herero et nama (soixante-cinq mille morts dans la première, dix mille dans la seconde) ont été décimées. Quant aux survivants, ils ont été placés dans une véritable situation d'esclavagisme.

Parallèlement, quelques associations hereros et namas poursuivent actuellement l'État allemand pour génocide. Elles ont saisi la justice civile américaine de New York pour obtenir directement de l'Allemagne des dommages et intérêts. Déboutées en mars 2019, elles ont fait appel.

Plan numéro 4 : l'exception espagnole, un pays à part ?

Aucune statue dégradée, excepté en Catalogne

L'Espagne a possédé l'un des plus grands empires coloniaux de la planète, « sur lequel le soleil ne se couchait jamais », disait-on à l'époque de Philippe II. Le pays des conquistadors est lui aussi touché par le mouvement woke et décolonial, mais de manière beaucoup plus singulière. En Espagne, excepté en Catalogne, aucune statue des grands personnages de l'histoire coloniale n'a été touchée par la vague Black Lives Matter qui déferla sur le monde en 2020. L'Espagne se différencie des autres pays par un attachement viscéral des citoyens à la patrie et à son histoire. Ainsi, alors qu'en Amérique la célébration de Christophe Colomb fait l'objet d'importantes controverses, nous l'avons vu plus haut, elle est toujours une source de fierté nationale en

Espagne. La date du 12 octobre, commémorant son arrivée en Amérique en 1492, est toujours le jour de la Fête nationale espagnole. C'est très étonnant pour une nation qui a prospéré pendant quatre siècles en tant que pays impérial et colonial.

En revanche, les dégradations contre les monuments historiques hispaniques aux États-Unis ont été nombreuses : elles ont touché Cervantès, saint Junípero Serra ou les monarques catholiques Isabelle et Ferdinand, récemment effacés du Capitole de l'État de Californie, ou encore l'explorateur Juan Ponce de León, dont la statue à Porto Rico a été déboulonnée.

Nous n'entrerons pas ici dans le débat autour de la mémoire du franquisme, inhérent à l'histoire espagnole, qui est un sujet particulier. Rappelons tout de même que le Parlement espagnol a voté en juillet 2022 une nouvelle loi dite «de mémoire démocratique» visant à défaire les vestiges de la dictature du Caudillo. Celle-ci faisait suite à la loi sur la «mémoire historique» de 2007, par laquelle toutes les statues à la gloire de Franco et de ses comparses ont été déboulonnées, et les noms des rues changés. Toutefois, l'influence grandissante de la gauche radicale, Podemos, et des indépendantistes catalans est telle qu'elle fait des ravages dans certaines villes comme Barcelone.

Barcelone déboulonne la statue d'Antonio Lopez

À Barcelone, Ada Colau, maire élue avec le soutien de Podemos, et les autorités locales ont retiré en mars 2018 la statue du célèbre marchand colonialiste et magnat du transport maritime Antonio Lopez, après une campagne dénonçant son implication supposée dans le commerce des esclaves. Parti sans un sou à Cuba pour y faire fortune, il a prospéré et fait ensuite profiter la ville de Barcelone de sa richesse. Son gendre était Eusebi Güell, l'industriel qui a financé le bâtisseur plus connu avec Antoni Gaudí et une partie du patrimoine architectural catalan... Il fut anobli en 1878. Le roi Alphonse XII fit l'éloge d'Antonio Lopez après sa mort, en 1883, disant que « l'Espagne a perdu l'un des hommes qui lui ont rendu le plus grand service ». À Barcelone, son monument, érigé en 1884, a été déboulonné le 4 mars 2018. Festivités, musique live, distribution de chocolat et pyrotechnie ont été organisées et mises en scène par le « Parti citoyen » du gouvernement municipal (Podemos), qui a réuni au maximum deux cents personnes.

Auparavant, en 2010, la rue Lopez avait déjà été débaptisée. Un débat municipal a été lancé au sujet du changement du nom de la place du même nom contre celui d'Idrissa Diallo, jeune Guinéen tué en 2012 au Centre d'internement des étrangers (CIE) de la zone de libre-échange de Barcelone.

Dans un article publié dans *La Vanguardia* le 4 mars 2018, l'historienne María del Mar Arnús affirme qu'« aucun document sérieux » n'étaie la thèse de l'origine esclavagiste de l'immense fortune de Lopez[1]. Elle est soutenue par d'autres historiens, tels que Martín Rodrigo y Alharilla et Lizbeth J. Chaviano Pérez, qui

1. « Barcelona retira la estatua de Antonio López por "esclavista" », *La Vangardia*, 4 mars 2018.

ont récemment coordonné l'ouvrage sur Barcelone et l'esclavage atlantique[1], et qui font valoir que les preuves sont insuffisantes pour établir les liens entre Antonio Lopez et ce commerce illégal depuis l'interdiction de la traite négrière par l'Espagne en 1866.

La statue de Cervantès profanée

La bêtise des wokes décoloniaux est insondable. Ils s'attaquent à n'importe quelle statue ou monument au hasard de leur délire de destruction. Entre le 19 juin et le 4 juillet 2020 a eu lieu une série d'actes de vandalisme contre des monuments à la mémoire de l'écrivain espagnol Miguel de Cervantès, l'auteur de *Don Quichotte*, qui fut lui-même esclave à Alger pendant cinq ans. Sa statue a été souillée avec des symboles nationalistes et des insultes.

Au cours de la même semaine, trois statues du missionnaire espagnol Junípero Serra, fondateur de San Francisco, ont également été vandalisées. Le saint homme, béatifié par le pape François en 2015, a œuvré sa vie entière pour les communautés indigènes et n'a jamais cessé de les protéger. Les autorités espagnoles réagirent avec fermeté, le ministre de la Culture de l'époque, José Manuel Rodríguez Uribes, un socialiste, condamna vigoureusement ces dégradations : « Je trouve incompréhensible l'attaque contre les images de Cervantès, de Fray Junípero Serra ou de tant d'autres. Je

1. Martín Rodrigo y Alharilla et Lizbeth J. Chaviano Pérez, *Negreros y esclavos. Barcelona y la esclavitud atlántica (siglos XVI-XIX)*, Icaria, 2017.

regrette et condamne ce révisionnisme puéril, simplificateur et dogmatique. Quel dommage[1]. »

Les militants Black Lives Matter sont incapables de comprendre que l'œuvre de Cervantès parle aussi bien à un Américain qu'à un Africain, parce qu'elle est universelle. C'est cette quête perpétuelle de l'universalité qui caractérise la civilisation européenne et qui l'ouvre sur les autres nations. L'écrivain espagnol incarne l'homme européen qui converse avec le monde car il s'affranchit des habitudes, des conformismes culturels et des frontières. Ses romans sont des appels à la liberté et à l'égalité. Encore faudrait-il que ces ignorants les lisent…

1. Tweet de José Manuel Rodriguez Uribes (@jmdezuribes) du 20 juin 2020 : « *Me resulta incomprensible el ataque a las imágenes de Cervantes, Fray Junípero Serra o tantos otros. La razón es siempre razón histórica, contextualizada. Lamento y condeno este revisionismo pueril, simplificador y dogmático. Pena. Mucha pena.* »

Conclusion

« La mémoire divise et l'histoire réunit… »

L'histoire de chaque nation regorge de sang, de fureur et de larmes, il ne faut avoir peur ni de l'avouer ni de l'assumer. Loin d'être providentielle, elle est souvent cruelle, injuste, tragique, fruit d'occasions manquées ou d'enchaînements malheureux. Cependant, aucune communauté n'est dispensée du travail d'histoire. Il n'a jamais été question de cacher sa face négative, bien au contraire, c'est le travail des historiens d'enseigner et d'expliquer sa complexité. L'histoire est à l'image de l'homme : pétrie de contradictions et paradoxale. Mais aujourd'hui, nous ne savons plus comment appréhender le passé. Il y a désormais un combat entre l'histoire et la mémoire des communautés, qui considèrent que l'histoire officielle les a trop longtemps oubliées ou n'a pas suffisamment rappelé leurs malheurs passés. Elles revendiquent, parfois violemment, la reconnaissance de leurs souffrances. Ce télescopage de l'histoire et de la mémoire déforme toute étude sérieuse et nuancée. Rappelons que l'histoire est l'étude des faits historiques de la manière le plus approfondie possible, alors que la mémoire est le souvenir conservé de ces événements par chaque groupe d'acteurs ou chaque communauté. Bien entendu, il n'est jamais identique d'un groupe à l'autre, il est même la plupart du temps diamétralement opposé. Il sème l'ambiguïté et trouble la sérénité des débats. C'est la raison pour laquelle « la mémoire divise et l'histoire réunit »... L'instrumentalisation idéologique de la mémoire ne peut aucunement constituer la base ou le fondement de l'étude historique. Le danger actuel est que l'histoire victimaire remplace à terme l'histoire équilibrée qui, elle, résulte d'une recherche constante, d'une lente procédure vers une vérité par définition insaisissable. L'histoire victimaire n'appartient pas à la discipline historique. Elle est devenue une succession de jugements moraux, une sorte de réquisitoire sans fin contre l'Occident. Les meilleurs exemples en sont ceux de la traite orientale ou de la traite intra-africaine, constamment oubliées et négligées.

Le paroxysme de la bêtise woke

Au cours de l'été 2020, lors du déferlement de manifestations Black Lives Matter dans le monde, on assista à des scènes absolument ubuesques. En plein délire woke, on vit la statue de la Petite Sirène d'Andersen à Copenhague, au Danemark, taguée d'un « *Racist Fish*[1] » aussi bête que grotesque. Pourtant, il n'y a aucune allusion raciste dans les contes pour enfants de Hans

1. « Poisson raciste ».

Christian Andersen. Au Japon, on vit des rassemblements Black Lives Matter de milliers de personnes tout au long du mois de juin. Or, l'histoire de ce pays ne comporte aucune participation à la traite des esclaves africains, et le Japon constitue l'un des États le plus ethniquement homogènes du monde (seule 1,74% de sa population est d'origine étrangère).

Cette montée de l'ignorance, de l'inculture historique et de l'obscurantisme aggrave tous les maux de nos sociétés malades. Ces destructions de statues, ces flagellations perpétuelles, ces censures de points de vue différents ne mènent nulle part si ce n'est à l'instabilité et à des troubles incessants. Le wokisme s'apparente à du terrorisme intellectuel, à une dictature morale. Le révisionnisme culturel qu'il provoque ouvre la porte à la radicalisation des populations et au vote d'extrême droite. Au nom de l'idéologie de la repentance, les revendications des groupes communautaires sèment un sentiment de suspicion entre les citoyens, creusant encore plus le fossé qui les sépare. La peur ravive des tensions longtemps apaisées, le vivre-ensemble et le bon fonctionnement de la démocratie deviennent impossibles. Chacun se tiendra face à face, opposé, dans une société de rancœur, de haine et d'ignorance.

Le respect de la parole présidentielle ?

Le 14 juin 2020, le président Emmanuel Macron a donc voulu faire preuve de fermeté sur ce sujet, en déclarant : « La République n'effacera aucune trace, ni aucun nom de son histoire. Elle n'oubliera aucune de ses œuvres. Elle ne déboulonnera pas de statues.» Même si son autorité est constamment remise en question, même s'il est démenti dans les faits, ses paroles furent, il faut en convenir, rassurantes. Maintenant, va-t-il les faire respecter?

Cette évocation reconnaissant enfin une culture française nous a surpris, car trois ans auparavant le même homme n'avait pas hésité à mettre en doute son existence. Des déclarations polémiques qui avaient fait beaucoup de mal. À Lyon, tout d'abord, le 4 février 2017, il avait lancé : «[...] Il n'y a d'ailleurs pas une culture française, il y a une culture en France, elle est diverse, elle est multiple.» Puis, à Londres, le 21 février, il avait surenchéri avec : «L'art français, je ne l'ai jamais vu...» Des propos douloureux parce que faux. Enfin, le 18 avril 2021, Emmanuel Macron récidivait en déclarant sur la chaîne américaine CBS qu'il fallait «déconstruire notre propre histoire». Le chef de l'État, tête de la nation, qui se doit d'être le garant de notre continuité historique fondée sur la grandeur d'un passé capable de soulever l'espérance, de générer un avenir commun, proposait aux Français de tout déconstruire. Pour reconstruire quoi à la place? Personne ne le sait... Comme personne ne sait vraiment si notre président est devenu le porte-parole local de l'idéologie woke anglo-saxonne, de la culture de l'effacement, du mondialisme progressiste, prétendant unifier le monde en l'américanisant. Malheureusement, les collectifs et autres Black Lives Matter veulent importer sur notre territoire ce qui se passe en Amérique. Alors que l'histoire raciale américaine n'a strictement rien à voir avec la nôtre.

Ainsi, selon eux, la France souffrirait d'un racisme systémique, comme les États-Unis. Emmanuel Macron, pur produit du système éducatif français des trente dernières années, connaît bien mal notre histoire. Il est dénué d'une vraie culture historique qui lui donnerait le sens de la France, celui qui habitait Charles de Gaulle ou François Mitterrand. Emmanuel Macron fait partie de ces hommes politiques qui ont avalisé le fait que les populations immigrées sont d'« anciennes victimes » mais aussi des électeurs potentiels... Durant les cinq années de son premier mandat, il n'y avait, selon lui, pas de réel problème avec l'immigration. Ce n'est que récemment que le président semble avoir changé d'avis. Ce laisser-faire a fini par détruire l'universalisme français et la réussite de ce que nous appelions l'« intégration à la française », qui fonctionnait correctement il y a une trentaine d'années. Les phénomènes du wokisme et de la *cancel culture* ont pu s'épanouir car ils ont trouvé appui et protection auprès des hommes politiques tels que François Hollande et Emmanuel Macron. Tous sont hantés par l'idée d'être suspectés d'assumer le passé colonialiste de la France. Le laxisme a donc prévalu, et nous sommes maintenant dans une situation inextricable.

Prenons garde ! L'histoire de ces statues est une part de notre humanité, une part de l'âme de la France... et nous ne voulons perdre ni notre âme ni notre humanité. Malheureusement, il n'y a rien d'étonnant puisque cette histoire n'est plus enseignée dans nos écoles, et que la culture classique n'est plus promue par l'État. La crise de l'intégration ne concerne d'ailleurs pas seulement les personnes venues d'ailleurs, elle frappe tous les jeunes Français à qui l'on ne transmet plus les repères de la civilisation française – langue et culture. Certes, la culture française n'est pas figée, elle continue à s'enrichir, mais renier ses spécificités, c'est aussi se soumettre à la domination anglo-saxonne, à la mondialisation et au multiculturalisme. À la place, avec la désintégration de tout récit national comme principe d'identification, on laisse le champ libre aux affirmations identitaires, aux revendications de chacune des communautés et à l'émiettement du corps national.

Or, à travers le monde entier on connaît et admire la culture française, on aime la France pour cela et pour son art de vivre. Chaque année, plus de quatre-vingt-dix millions de touristes viennent dans notre pays pour voir notamment le Louvre, Versailles ou les Invalides. Ce qui en fait la première destination touristique du monde.

Ce que nous disent les statues

Il faut aimer la France, aimer son histoire, pour s'aimer soi-même... Faire aimer la France, c'est faire aimer ses beautés, les statues de ses héros, ses avancées; raconter son histoire, sans volonté hagiographique, mais avec l'honnêteté d'admettre que notre pays ne serait pas ce qu'il est sans l'œuvre de ceux qui nous ont précédés. Les statues de nos ancêtres renvoient à l'époque où elles ont été élevées. Elles nous rappellent tout simplement combien ceux-ci étaient appréciés en leur temps, alors qu'aujourd'hui, ils ne suscitent souvent que bien peu d'intérêt. Les statues racontent l'histoire de chaque ville, de chaque région, de chaque nation. Pour aimer un pays, il faut sentir qu'il a un passé, ce qui n'est plus le cas à l'heure actuelle, car il n'y a plus ni véritables héritiers ni véritables gardiens.

Passants, vous qui vous promenez devant les statues qui peuplent nos villes sans les voir, faites un effort pour vous y intéresser ! Prenez quelques minutes de votre précieux temps pour rencontrer ces grands hommes ou femmes, écrivains, reines, révolutionnaires, chefs d'État qui ont fait la France. Vous découvrirez les trésors insoupçonnés de notre patrimoine dont vous êtes les héritiers. Nos ancêtres, c'est vous dans le passé et vos descendants, ce sera nous dans l'avenir. La France ressemble à une belle malade endormie et ses citoyens sont devenus insensibles à la grandeur de leur histoire, à sa puissance d'inspiration, à ses trésors. Le passé aspire à être continué, maintenu vivant et enrichi par les héritiers que nous sommes tous en réalité. Ne faisons pas table rase de nos héritages, cessons de déconstruire, ne rompons pas le fil de notre continuité historique : c'est à ce prix que l'intégration de la population immigrée prendra tout son sens.

Car être français, c'est aussi accepter d'être descendants de peuples colonisés. C'est aussi accepter d'être descendants d'esclaves comme Félix Éboué, Joséphine Baker ou Gaston Monnerville. Cela ne les a jamais empêchés de se sentir fiers d'être français et depuis fort longtemps déjà, à la différence de ce qui se passe aux États-Unis… Mais, aujourd'hui, bien peu connaissent réellement cette histoire. Oui, la diversité est une richesse quand elle s'autorise le courage, le mérite et la lucidité parmi ceux qui échappent au lavage de cerveau de la bien-pensance actuelle. Nombreux sont ceux qui viennent de la diversité. On les rencontre souvent, ou on les voit sur les plateaux de télévision. C'est peut-être parmi ces milliers de jeunes d'origine étrangère qu'il faudra recruter les porte-drapeaux du renouveau français, car ils sont souvent plus courageux que les Français eux-mêmes.

Enfin, et pour clore cet ouvrage, on ne peut s'empêcher d'être sidéré par la médiocrité des enseignements scolaires, devenus faux à force de simplification et de nivellement par le bas. Ce qui est terrible, c'est de faire sentir aux jeunes générations que plus rien de ce qu'on leur apprend n'a de valeur durable. Faut-il s'étonner qu'ils ne mettent pas longtemps à conclure que plus rien n'a d'intérêt ? La richesse est dans la complexité, on doit amener chaque citoyen à l'apprécier et à la maîtriser. L'histoire, les arts, la langue française sont complexes, et c'est cette complexité qui rend notre culture aussi passionnante que la vie réelle.

Le triomphe médiatique des obscurantistes wokes et décoloniaux fait que l'école, lieu même qui aurait dû être pour eux le chemin de l'évasion vers l'universel, l'intemporel, les grands textes, les grandes œuvres, les grandes découvertes, tout ce qui fait grandir le cœur, tout ce qui élargit le regard, condamne tous ces jeunes à la simplification, à la médiocrité, au formatage par une société multiculturelle que plus rien n'unit. Les mots qui conviennent pour décrire cette tendance sont « égalitarisme » et « refus de l'excellence ». Observez-en les conséquences, comme la façon dont ils confondent autorité et domination. Il est certain qu'en cédant constamment à toutes leurs lubies, on ne les aide pas à devenir des adultes éclairés et émancipés. Chaque génération remet le monde entre les mains de la génération qui lui succède ; sans cette transmission, il tombe à terre. Citons une nouvelle fois Camus lors de son discours de Stockholm, en 1957 : « Chaque génération, sans doute, se croit vouée à refaire le monde. La mienne sait pourtant qu'elle ne le refera pas. Mais sa tâche est peut-être plus grande. Elle consiste à empêcher que le monde se défasse. » Voici une mission de salut public : empêcher que notre pays se défasse…

Nous connaissons actuellement un immense basculement, comparable à la fin de l'Empire romain ou de la Renaissance. Depuis quarante ans, nous vivons une période aussi tourmentée que celle de l'invention de l'imprimerie, des grandes découvertes, puis celle de la révolution industrielle : la mutation des techniques ébranle le monde. Face à ces bouleversements, il nous faut réinventer de nouvelles institutions qui puissent apaiser nos sociétés de plus en plus conflictuelles et ainsi redonner confiance en une paix sociale et un progrès continu. Le défi qui est devant nous est d'empêcher notre pays de se défaire. Pour cela, Napoléon l'a déclaré : « Les vraies conquêtes, les seules qui ne donnent aucun regret, sont celles que l'on fait sur l'ignorance… »

Du même auteur

Napoléon dans l'intimité d'un règne, Larousse, 2021

Ce que la France doit aux Français venus d'ailleurs, First, 2020

La France des rois de France, Albin Michel, 2020

Napoléon sur le divan, Flammarion, 2019

Le Grand Procès de l'histoire de France, Robert Laffont, 2019

Paris Napoléon (s). Le guide des deux empereurs, Télémaque, 2018

Petit manuel des valeurs et repères de la France, Le Rocher, 2017

La Longue Montée de l'ignorance, First, 2017

Nouveau manuel d'histoire, préface de Jean-Pierre Chevènement, La Martinière, 2016

Désintégration française. Pourquoi notre pays renie son histoire et nos enfants perdent leurs repères, Jean-Claude Lattès, coll. « Essais et documents », 2016

Qui a gagné Waterloo ? Napoléon, Flammarion, 2015

L'Histoire de France de l'ombre à la lumière. L'histoire que les Français n'apprennent plus, Flammarion, 2014

Napoléon : le grand album de notre enfance. Un destin pour la France, Gründ, 2013

Histoire de France, de la Gaule à nos jours, Armand Colin, 2013

L'Histoire de France vue par les peintres, avec Christophe Beyeler, Flammarion, 2012

L'Histoire de France interdite. Pourquoi ne sommes-nous plus fiers de notre histoire, Jean-Claude Lattès, coll. « Essais et documents », 2012

L'Altermanuel d'histoire de France. Ce que nos enfants n'apprennent plus au collège, Perrin, prix du Guesclin 2011

Napoléon. Dans l'intimité d'un règne, Larousse, coll. « Les documents de l'Histoire », 2011

L'Antiquité éternelle par les peintres, avec Caroline Caron-Lanfranc, Le Seuil, 2010

Napoléon par les peintres, avec David Chanteranne, Le Seuil, coll. « Beaux livres », 2009

Napoléon Bonaparte, préface de Jean Tulard), Larousse, coll. « Histoire », 2008

Les 100 dates de l'histoire de France qui ont fait le monde, Plon, 2022

CET OUVRAGE
A ÉTÉ ACHEVÉ D'IMPRIMER
SUR ROTO-PAGE
PAR L'IMPRIMERIE FLOCH
À MAYENNE EN AOÛT 2023

N° d'impression : 102988
Imprimé en France